*Benito Pérez Galdós*

# Doña Perfecta

STOCKCERO

Pérez Galdós, Benito
      Doña Perfecta. – 1ª.ed. – Buenos Aires : Stock Cero, 2004.
      180 p. ; 23x15 cm.

      ISBN 987-1136-13-7

      1. Narrativa Española. I. Título
      CDD E863

stockcero.com
Viamonte 1592 C1055ABD
Buenos Aires Argentina
54 11 4372 9322
stockcero@stockcero.com

*Benito Pérez Galdós*

# Doña Perfecta

# Indice

# – I –

## *¡Villahorrenda...!, ¡cinco minutos...!*

Cuando el tren mixto descendente, núm. 65 (no es preciso nombrar la línea), se detuvo en la pequeña estación situada entre los kilómetros 171 y 172, casi todos los viajeros de segunda y tercera clase se quedaron durmiendo o bostezando dentro de los coches, porque el frío penetrante de la madrugada no convidaba a pasear por el desamparado andén. El único viajero de primera que en el tren venía bajó apresuradamente, y dirigiéndose a los empleados, preguntoles si aquel era el apeadero de Villahorrenda. (Este nombre, como otros muchos que después se verán, es propiedad del autor.)

—En Villahorrenda estamos –repuso el conductor, cuya voz se confundía con el cacarear de las gallinas que en aquel momento eran subidas al furgón–. Se me había olvidado llamarle a Vd.[1], señor de Rey. Creo que ahí le esperan a Vd. con las caballerías.

—¡Pero hace aquí un frío de tres mil demonios! –dijo el viajero envolviéndose en su manta–. ¿No hay en el apeadero algún sitio dónde descansar y reponerse antes de emprender un viaje a caballo por este país de hielo?

No había concluido de hablar, cuando el conductor, llamado por las apremiantes obligaciones de su oficio, marchose, dejando a nuestro desconocido caballero con la palabra en la boca. Vio este que se acercaba otro empleado con un farol pendiente de la derecha mano, el cual movíase al compás de la marcha, proyectando geométrica serie de ondulaciones luminosas. La luz caía sobre el piso del andén, formando un *zig–zag* semejante al que describe la lluvia de una regadera.

—¿Hay fonda o dormitorio en la estación de Villahorrenda? –preguntó el viajero al del farol.

—Aquí no hay nada –respondió este secamente, corriendo hacia los que cargaban y echándoles tal rociada de votos, juramentos, blasfemias y atroces invocaciones que hasta las gallinas escandalizadas de tan grosera brutalidad, murmuraron dentro de sus cestas.

---

1  *Vd*: abreviatura de "usted".

—Lo mejor será salir de aquí a toda prisa —dijo el caballero para su capote—. El conductor me anunció que ahí estaban las caballerías.

Esto pensaba, cuando sintió que una sutil y respetuosa mano le tiraba suavemente del abrigo. Volviose y vio una oscura masa de paño pardo sobre sí misma revuelta y por cuyo principal pliegue asomaba el avellanado rostro astuto de un labriego castellano. Fijose en la desgarbada estatura que recordaba al chopo entre los vegetales; vio los sagaces ojos que bajo el ala de ancho sombrero de terciopelo viejo resplandecían; vio la mano morena y acerada que empuñaba una vara verde, y el ancho pie que, al moverse, hacía sonajear el hierro de la espuela.

—¿Es Vd. el Sr. D.[2] José de Rey? —preguntó echando mano al sombrero.

—Sí; y Vd. —repuso el caballero con alegría— será el criado de doña Perfecta que viene a buscarme a este apeadero para conducirme a Orbajosa.

—El mismo. Cuando Vd. guste marchar... La jaca corre como el viento. Me parece que el señor D. José ha de ser buen jinete. Verdad es que a quien de casta le viene...

—¿Por dónde se sale? —dijo el viajero con impaciencia—. Vamos, vámonos de aquí, señor... ¿Cómo se llama Vd.?

—Me llamo Pedro Lucas —respondió el del paño pardo, repitiendo la intención de quitarse el sombrero— pero me llaman el tío Licurgo. ¿En dónde está el equipaje del señorito?

—Allí bajo el reloj lo veo. Son tres bultos. Dos maletas y un mundo de libros para el Sr. D. Cayetano. Tome Vd. el talón.

Un momento después señor y escudero hallábanse a espaldas de la barraca llamada estación, frente a un caminejo[3] que partiendo de allí se perdía en las vecinas lomas desnudas, donde confusamente se distinguía el miserable caserío de Villahorrenda. Tres caballerías debían transportar todo, hombres y mundos. Una jaca, de no mala estampa, era destinada al caballero. El tío Licurgo oprimiría los lomos de un cuartago venerable, algo desvencijado aunque seguro, y el macho cuyo freno debía regir un joven zagal de piernas listas y fogosa sangre, cargaría el equipaje.

Antes de que la caravana se pusiese en movimiento, partió el tren, que se iba escurriendo por la vía con la parsimoniosa cachaza de un tren mixto. Sus pasos, retumbando cada vez más lejanos, producían ecos profundos bajo tierra. Al entrar en el túnel del kilómetro 172, lanzó el vapor por el silbato, y un aullido estrepitoso resonó en los aires. El túnel, echando por su negra boca un hálito blanquecino, clamoreaba como una trompeta, al oír su enorme voz, despertaban aldeas, villas, ciudades, provincias.

Aquí cantaba un gallo, más allá otro. Principiaba a amanecer.

---

2  *Sr. D*: abreviatura de "señor don", tratamiento de cortesía.
3  *Caminejo*: despreciativo de "camino", camino sin importancia.

# – II –

## Un viaje por el corazón de España

Cuando, empezada la caminata, dejaron a un lado las casuchas de Villahorrenda, el caballero, que era joven y de muy buen ver, habló de este modo:

—Dígame Vd., Sr. Solón...

—Licurgo, para servir a Vd...

—Eso es, Sr. Licurgo. Bien decía yo que era usted un sabio legislador de la antigüedad. Perdone Vd. la equivocación. Pero vamos al caso. Dígame Vd., ¿cómo está mi señora tía?

—Siempre tan guapa –repuso el labriego, adelantando algunos pasos su caballería–. Parece que no pasan años por la señora doña Perfecta. Bien dicen que al bueno Dios le da larga vida. Así viviera mil años ese ángel del Señor. Si las bendiciones que le echan en la tierra fueran plumas, la señora no necesitaría más alas para subir al cielo.

—¿Y mi prima la señorita Rosario?

—¡Bien haya quien a los suyos parece![4] –dijo el aldeano–. ¿Qué he de decirle de doña Rosarito, sino que es el vivo retrato de su madre? Buena prenda se lleva Vd., caballero D. José, si es verdad, como dicen, que ha venido para casarse con ella. Tal para cual, y la niña no tiene tampoco por qué quejarse. Poco va de Pedro a Pedro.[5]

—¿Y el Sr. D. Cayetano?

—Siempre metidillo en la faena de sus libros. Tiene una biblioteca más grande que la catedral, y también escarba la tierra para buscar piedras llenas de unos demonches de garabatos que dicen escribieron los moros.

—¿En cuánto tiempo llegaremos a Orbajosa?

—A las nueve, si Dios quiere. Poco contenta se va a poner la señora cuando vea a su sobrino... ¿Y la señorita Rosarito que estaba ayer disponiendo el cuarto en que Vd. ha de vivir...? Como no le han visto nunca, la madre y la hija están que no viven, pensando en cómo será este Sr. don José. Ya llegó el

---

4 *Bien haya quien a los suyos parece*: alabanza a quienes honran a su familia pareciéndose a ella

5 *Poco va de Pedro a Pedro*: referencia a la equivalencia en la categoría y buenas cualidades de dos personas

tiempo de que callen cartas y hablen barbas [6]. La prima verá al primo y todo será fiesta y gloria. Amanecerá Dios y medraremos, como dijo el otro.

—Como mi tía y mi prima no me conocen todavía –dijo sonriendo el caballero–, no es prudente hacer proyectos.

—Verdad es; por eso se dijo que uno piensa el bayo y otro el que lo ensilla –repuso el labriego–. Pero la cara no engaña... ¡Qué alhaja se lleva Vd.! ¡Y qué buen mozo ella!

El caballero no oyó las últimas palabras del tío Licurgo, porque iba distraído y algo meditabundo. Llegaban a un recodo del camino, cuando el labriego, torciendo la dirección a las caballerías, dijo:

—Ahora tenemos que echar por esta vereda. El puente está roto y no se puede vadear el río sino por el cerrillo de los Lirios.

—¡El cerrillo de los Lirios! –dijo el caballero, saliendo de su meditación–. ¡Cómo abundan los nombres poéticos en estos sitios tan feos! Desde que viajo por estas tierras, me sorprende la horrible ironía de los nombres. Tal sitio que se distingue por su árido aspecto y la desolada tristeza del negro paisaje, se llama *Valle–ameno*. Tal villorio de adobes que miserablemente se extiende sobre un llano estéril y que de diversos modos pregona su pobreza, tiene la insolencia de nombrarse *Villa–rica*; y hay un barranco pedregoso y polvoriento, donde ni los cardos encuentran jugo, y que sin embargo se llama *Valdeflores*. ¿Eso que tenemos delante es el *Cerrillo de los Lirios*? ¿Pero dónde están esos lirios, hombre de Dios? Yo no veo más que piedras y yerba descolorida. Llamen a eso el *Cerrillo de la Desolación* y hablarán a derechas. Exceptuando *Villahorrenda*, que parece ha recibido al mismo tiempo el nombre y la hechura, todo aquí es ironía. Palabras hermosas realidad prosaica y miserable. Los ciegos serían felices en este país, que para la lengua es paraíso y para los ojos infierno.

El Sr. Licurgo, o no entendió las palabras del caballero Rey o no hizo caso de ellas. Cuando vadearon el río, que turbio y revuelto corría con impaciente precipitación, como si huyera de sus propias orillas, el labriego extendió el brazo hacia unas tierras que a la siniestra mano en grande y desnuda extensión se veían, y dijo:

—Estos son los *Alamillos de Bustamante*.

—¡Mis tierras! –exclamó con júbilo el caballero, tendiendo la vista por el triste campo que alumbraban las primeras luces de la mañana–. Es la primera vez que veo el patrimonio que heredé de mi madre. La pobre hacía tales ponderaciones de este país, y me contaba tantas maravillas de él, que yo, siendo niño, creía que estar aquí era estar en la gloria. Frutas, flores, caza mayor y menor, montes, lagos, ríos, poéticos arroyos, oteros pastoriles, todo lo había en los *Alamillos de Bustamante*, en esta tierra bendita, la mejor y más hermosa de todas las tierras... ¡Qué demonio! La gente de este país vive con la imaginación. Si en mi niñez, y cuando vivía con las ideas y con el entusias-

---

6    *Que callen cartas y hablen barbas*: que se conozcan en persona quienes hasta el momento solo han tenido una relación epistolar

mo de mi buena madre, me hubieran traído aquí, también me habrían parecido encantadores estos desnudos cerros, estos llanos polvorientos o encharcados, estas vetustas casas de labor, estas norias desvencijadas, cuyos canjilones lagrimean lo bastante para regar media docena de coles, esta desolación miserable y perezosa que estoy mirando.

—Es la mejor tierra del país –dijo el Sr. Licurgo– y para el garbanzo es de lo que no hay.

—Pues lo celebro, porque desde que las heredé no me han producido un cuarto estas célebres tierras.

El sabio legislador espartano se rascó la oreja y dio un suspiro.

—Pero me han dicho –continuó el caballero– que algunos propietarios colindantes han metido su arado en estos grandes estados míos y poco a poco me los van cercenando. Aquí no hay mojones, ni linderos, ni verdadera propiedad, Sr. Licurgo.

El labriego despúes de una pausa, durante la cual parecía ocupar su sutil espíritu en profundas disquisiciones, se expresó de este modo:

—El tío Paso Largo, a quien llamamos el *Filósofo* por su mucha trastienda, metió el arado en los *Alamillos* por encima de la ermita, y roe que roe, se ha zampado seis fanegadas.

—¡Qué incomparable escuela! –exclamó riendo el caballero–. Apostaré que no ha sido ese el único... filósofo.

—Bien dijo el otro, que quien las sabe las tañe, y si al palomar no le falta cebo no le faltarán palomas... Pero Vd., Sr. D. José, puede decir aquello de que el ojo del amo engorda la vaca, y ahora que está aquí vea de recobrar su finca.

—Quizás no sea tan fácil, Sr. Licurgo –repuso el caballero, a punto que entraban por una senda a cuyos lados se veían hermosos trigos que con su lozanía y temprana madurez recreaban la vista–. Este campo parece mejor cultivado. Veo que no todo es tristeza y miseria en los *Alamillos*.

El labriego puso cara de lástima, y afectando cierto desdén hacia los campos elogiados por el viajero, dijo en tono humildísimo:

—Señor, esto es mío.

—Perdone Vd. –replicó vivamente el caballero– ya quería yo meter mi hoz en los estados de usted. Por lo visto la filosofía aquí es contagiosa.

Bajaron inmediatamente a una cañada que era lecho de pobre y estancado arroyo, y pasado este, entraron en un campo lleno de piedras, sin la más ligera muestra de vegetación.

—Esta tierra es muy mala –dijo el caballero volviendo el rostro para mirar a su guía y compañero que se había quedado un poco atrás–. Difícilmente podrá Vd. sacar partido de ella, porque todo es fango y arena.

Licurgo, lleno de mansedumbre, contestó:

—Esto... es de Vd.

—Veo que aquí todo lo malo es mío –afirmó el caballero riendo jovialmente.

Cuando esto hablaban tomaron de nuevo el camino real. Ya la luz del día, entrando en alegre irrupción por todas las ventanas y claraboyas del hispano horizonte, inundaba de esplendorosa claridad los campos. El inmenso cielo sin nubes parecía agrandarse más y alejarse de la tierra para verla y en su contemplación recrearse desde más alto. La desolada tierra sin árboles, pajiza a trechos, a trechos de color gredoso, dividida toda en triángulos y cuadriláteros amarillos o negruzcos, pardos o ligeramente verdegueados, semejaba en cierto modo a la capa del harapiento que se pone al sol. Sobre aquella capa miserable, el cristianismo y el islamismo habían trabado épicas batallas. Gloriosos campos, sí, pero los combates de antaño les habían dejado horribles.

—Me parece que hoy picará el sol, Sr. Licurgo –dijo el caballero desembarazándose un poco del abrigo en que se envolvía–. ¡Qué triste camino! No se ve ni un solo árbol en todo lo que alcanza la vista. Aquí todo es al revés. La ironía no cesa. ¿Por qué si no hay aquí álamos grandes ni chicos, se ha de llamar esto los *Alamillos*?

El tío Licurgo no contestó a la pregunta, porque con toda su alma atendía a lejanos ruidos que de improviso se oyeron, y con ademán intranquilo detuvo su cabalgadura, mientras exploraba el camino y los cerros lejanos con sombría mirada.

—¿Qué hay? –preguntó el viajero, deteniéndose también.

—¿Trae Vd. armas, D. José?

—Un revólver... ¡Ah!, ya comprendo. ¿Hay ladrones?

—Puede... –repuso el labriego con mucho recelo–. Me parece que sonó un tiro.

—Allá lo veremos... ¡adelante! –dijo el caballero picando su jaca–. No serán tan temibles.

—Calma, Sr. D. José –exclamó el aldeano deteniéndole–. Esa gente es más mala que Satanás. El otro día asesinaron a dos caballeros que iban a tomar el tren... Dejémonos de fiestas. Gasparón el Fuerte, Pepito Chispillas, Merengue y Ahorca–Suegras no me verán la cara en mis días. Echemos por la vereda.

—Adelante, Sr. Licurgo.

—Atrás, Sr. D. José –replicó el labriego con afligido acento–. Vd. no sabe bien qué gente es esa. Ellos fueron los que el mes pasado robaron de la iglesia del Carmen el copón, la corona de la Virgen y dos candeleros; ellos fueron los que hace dos años saquearon el tren que iba para Madrid.

D. José, al oír tan lamentables antecedentes, sintió que aflojaba un poco su intrepidez.

—¿Ve Vd. aquel cerro grande y empinado que hay allá lejos? Pues allí se esconden esos pícaros en unas cuevas que llaman la *Estancia de los Caballeros*.

—¡De los Caballeros!

—Sí señor. Bajan al camino real, cuando la guardia civil se descuida, y roban lo que pueden. ¿No ve Vd. más allá de la vuelta del camino, una cruz, que se puso en memoria de la muerte que dieron al alcalde de Villahorrenda cuando las elecciones?

—Sí, veo la cruz.

—Allí hay una casa vieja, en la cual se esconden para aguardar a los trajineros. A aquel sitio llamamos las *Delicias*.

—¡Las Delicias!...

—Si todos los que han sido muertos y robados al pasar por ahí resucitaran, podría formarse con ellos un ejército.

Cuando esto decían, oyéronse más de cerca los tiros, lo que turbó un poco el esforzado corazón de los viajantes, pero no el del zagalillo, que retozando de alegría pidió al Sr. Licurgo licencia para adelantarse y ver la batalla que tan cerca se había trabado. Observando la decisión del muchacho, avergonzose D. José de haber sentido miedo o cuando menos un poco de respeto a los ladrones y exclamó, espoleando la jaca:

—Pues allá iremos todos. Quizás podamos prestar auxilio a los infelices viajeros que en tan gran aprieto se ven, y poner las peras a cuarto a los *caballeros*.

Esforzábase el labriego en convencer al joven de la temeridad de sus propósitos, así como de lo inútil de su generosa idea, porque los robados, robados estaban y quizás muertos, y en situación de no necesitar auxilio de nadie. Insistía el señor a pesar de estas sesudas advertencias, contestaba el aldeano, oponiendo la más viva resistencia, cuando la presencia de dos o tres carromateros que por el camino abajo tranquilamente venían conduciendo una galera, puso fin a la cuestión. No debía de ser grande el peligro cuando tan sin cuidado venían aquellos, cantando alegres coplas; y así fue en efecto, porque los tiros, según dijeron, no eran disparados por los ladrones, sino por la guardia civil, que de este modo quería cortar el vuelo a media docena de cacos que ensartados conducía a la cárcel de la villa.

—Ya, ya sé lo que ha sido –dijo Licurgo, señalando leve humareda que a mano derecha del camino y a regular distancia se descubría–. Allí les han escabechado [7]. Esto pasa un día sí y otro no.

El caballero no comprendía.

—Yo le aseguro al Sr. D. José –añadió con energía el legislador lacedemonio–, que está muy retebién hecho; porque de nada sirve formar causa a esos pillos. El juez les marca un poco y después les suelta. Si al cabo de seis años de causa alguno va a presidio, a lo mejor se escapa, o le indultan y vuelve a la Estancia de los Caballeros. Lo mejor es esto: ¡fuego en ellos! Se les lleva a la cárcel, y cuando se pasa por un lugar a propósito... "¡ah!, perro que te quieres escapar... pum, pum...". Ya está hecha la sumaria, requeridos los tes-

---

7  *Escabechado*: muerto, asesinado.

tigos, celebrada la vista, dada la sentencia... todo en un minuto. Bien dicen, que si mucho sabe la zorra, más sabe el que la toma.

—Pues adelante, y apretemos el paso, que este camino, a más de largo, no tiene nada de ameno –dijo Rey.

Al pasar junto a las Delicias vieron a poca distancia del camino a los guardias que minutos antes habían ejecutado la extraña sentencia que el lector sabe. Mucha pena causó al zagalillo que no le permitieran ir a contemplar de cerca los palpitantes cadáveres de los ladrones, que en horroroso grupo se distinguían a lo lejos, y siguieron todos adelante. Pero no habían andado veinte pasos cuando sintieron el galopar de un caballo que tras ellos venía con tanta rapidez que por momentos les alcanzaba. Volviose nuestro viajero y vio un hombre, mejor dicho un Centauro, pues no podía concebirse más perfecta armonía entre caballo y jinete, el cual era de complexión recia y sanguínea, ojos grandes, ardientes, cabeza ruda, negros bigotes, mediana edad y el aspecto en general brusco y provocativo, con indicios de fuerza en toda su persona. Montaba un soberbio caballo de pecho carnoso, semejante a los del Partenón, enjaezado según el modo pintoresco del país, y sobre la grupa llevaba una gran valija de cuero, en cuya tapa se veía en letras gordas la palabra *Correo*.

—Hola, buenos días, Sr. Caballuco –dijo Licurgo, saludando al jinete cuando estuvo cerca–. ¡Cómo le hemos tomado la delantera!, pero usted llegará antes si se pone a ello.

—Descansemos un poco –repuso el Sr. Caballuco, poniendo su cabalgadura al paso de la de nuestros viajeros, y observando atentamente al principal de los tres–. Puesto que hay tan buena compaña...

—El señor –dijo Licurgo, sonriendo– es el sobrino de doña Perfecta.

—¡Ah!... por muchos años... muy señor mío y mi dueño...

Ambos personajes se saludaron, siendo de notar que Caballuco hizo sus urbanidades con una expresión de altanería y superioridad que revelaba cuando menos la conciencia de un gran valer o de una alta posición en la comarca. Cuando el orgulloso jinete se apartó y por breve momento se detuvo hablando con dos guardias civiles que llegaron al camino, el viajero preguntó a su guía:

—¿Quién es este pájaro?

—¿Quién ha de ser? Caballuco.

—¿Y quién es Caballuco?

—Toma... ¿pero no le ha oído Vd. nombrar? –dijo el labriego, asombrado de la ignorancia supina del sobrino de doña Perfecta–. Es un hombre muy bravo, gran jinete, y el primer caballista de todas estas tierras a la redonda. En Orbajosa le queremos mucho; pues él es... dicho sea en verdad... tan bueno como la bendición de Dios... Ahí donde Vd. le ve, es un cacique tremendo, y el gobernador de la provincia se le quita el sombrero.

—Cuando hay elecciones...

—Y el gobierno de Madrid le escribe oficios con mucha vuecencia [8] en el rétulo [9]... Tira a la barra como un San Cristóbal, y todas las armas las maneja como manejamos nosotros nuestros propios dedos. Cuando había fielato no podían con él, y todas las noches sonaban tiros en las puertas de la ciudad... Tiene una gente que vale cualquier dinero, porque lo mismo es para un fregado que para un barrido... Favorece a los pobres, y el que venga de fuera y se atreva a tentar el pelo de la ropa a un hijo de Orbajosa, ya puede verse con él... Aquí no vienen casi nunca soldados de los Madriles[10]; cuando han estado, todos los días corría la sangre, porque Caballuco les buscaba camorra por un no y por un sí. Ahora parece que vive en la pobreza y se ha quedado con la conducción del correo; pero está metiendo fuego en el Ayuntamiento para que haya otra vez fielato y rematarlo él. No sé cómo no le ha oído Vd. nombrar en Madrid, porque es hijo de un famoso Caballuco que estuvo en la facción, el cual Caballuco padre era hijo de otro Caballuco abuelo, que también estuvo en la facción de más allá... Y como ahora andan diciendo que vuelve a haber facción, porque todo está torcido y revuelto, tememos que Caballuco se nos vaya también a ella, poniendo fin de esta manera a las hazañas de su padre y abuelo, que por gloria nuestra nacieron en esta ciudad.

Sorprendido quedó nuestro viajero al ver la especie de caballería andante que aún subsistía en los lugares que visitaba, pero no tuvo ocasión de hacer nuevas preguntas, porque el mismo que era objeto de ellas se les incorporó, diciendo de mal talante:

—La guardia civil ha despachado a tres. Ya le he dicho al cabo que se ande con cuidado. Mañana hablaremos el gobernador de la provincia y yo...

—¿Va Vd. a X...?

—No, que el gobernador viene acá, Sr. Licurgo; sepa Vd. que nos van a meter en Orbajosa un par de regimientos.

—Sí –dijo vivamente el viajero, sonriendo–. En Madrid oí decir que había temor de que se levantaran en este país algunas partidillas... Bueno es prevenirse.

—En Madrid no dicen más que desatinos... –exclamó violentamente el Centauro, acompañando su afirmación de una retahíla de vocablos de esos que levantan ampolla–. En Madrid no hay más que pillería... ¿A qué nos mandan soldados? ¿Para sacarnos más contribuciones y un par de quintas seguidas? ¡Por vida de...!, que si no hay facción debería haberla. Con que Vd. –añadió, mirando socarronamente al caballero–, ¿con que Vd. es el sobrino de doña Perfecta?

Esta salida de tono y el insolente mirar del bravo enfadaron al joven.

—Sí señor –repuso–. ¿Se le ofrece a Vd. algo?

—Soy muy amigo de la señora y la quiero como a las niñas de mis ojos –dijo Caballuco–. Puesto que Vd. va a Orbajosa, allá nos veremos.

Y sin decir más, picó espuelas a su corcel, el cual partiendo a escape de-

---

8   *Vuecencia*: abreviatura de "vuestra excelencia", tratamiento honorífico.
9   *Rétulo*: título de un escrito.
10  *Madriles*: vulgarismo por Madrid.

sapareció entre una nube de polvo.

Después de media hora de camino, durante la cual el Sr. D. José no se mostró muy comunicativo, ni el Sr. Licurgo tampoco, apareció a los ojos de entrambos apiñado y viejo caserío asentado en una loma, y del cual se destacaban algunas negras torres y la ruinosa fábrica de un despedazado castillo en lo más alto. Un amasijo de paredes deformes, de casuchas de tierra pardas y polvorosas como el suelo, formaba la base, con algunos fragmentos de almenadas murallas, a cuyo amparo mil chozas humildes alzaban sus miserables frontispicios de adobes, semejantes a caras anémicas y hambrientas que pedían una limosna al pasajero.

Pobrísimo río ceñía, como un cinturón de hojalata, el pueblo, refrescando al pasar algunas huertas, única frondosidad que alegraba la vista. Entraba y salía la gente en caballerías o a pie, y el movimiento humano, aunque pequeño, daba cierta apariencia vital a aquella gran morada, cuyo aspecto arquitectónico era más bien de ruina y muerte que de prosperidad y vida. Los repugnantes mendigos que se arrastraban a un lado y otro del camino, pidiendo el óbolo del pasajero, ofrecían lastimoso espectáculo. No podían verse existencias que mejor cuadraran en las grietas de aquel sepulcro, donde una ciudad estaba no sólo enterrada sino también podrida. Cuando nuestros viajeros se acercaban, algunas campanas tocando desacordemente, indicaban con su expresivo son que aquella momia tenía todavía un alma.

Llamábase Orbajosa, ciudad que no en Geografía caldea o cophta sino en la de España figura con 7.324 habitantes, ayuntamiento, sede episcopal, partido judicial, seminario, depósito de caballos sementales, instituto de segunda enseñanza y otras prerrogativas oficiales.

—Están tocando a misa mayor en la catedral —dijo el tío Licurgo—. Llegamos antes de lo que pensé.

—El aspecto de su patria de Vd. —dijo el caballero examinando el panorama que delante tenía—, no puede ser más desagradable. La histórica ciudad de Orbajosa [11], cuyo nombre es sin duda corrupción de *urbs augusta* [12], parece un gran muladar.

—Es que de aquí no se ven más que los arrabales —afirmó con disgusto el guía—. Cuando entre usted en la calle Real y en la del Condestable, verá fábricas tan hermosas como la de la catedral.

—No quiero hablar mal de Orbajosa antes de conocerla —dijo el caballero—. Lo que he dicho no es tampoco señal de desprecio; que humilde y miserable lo mismo que hermosa y soberbia, esa ciudad será siempre para mí muy querida, no sólo por ser patria de mi madre, sino porque en ella viven personas a quienes amo ya sin conocerlas. Entremos, pues, en la ciudad *augusta*.

Subían ya por una calzada próxima a las primeras calles, e iban tocando las tapias de las huertas.

—¿Ve Vd. aquella gran casa que está al fin de esta gran huerta por cu-

---

11    Ya se ha dicho que todos los nombres locales son imaginarios. *(N. del A.)*
12    *Urbs augusta*: ciudad grande, eminente.

yo bardal pasamos ahora? —dijo el tío Licurgo, señalando el enorme paredón revocado de la única vivienda que tenía aspecto de habitabilidad cómoda y alegre.

—Ya... ¿aquella es la vivienda de mi tía?

—Justo y cabal. Lo que vemos es la parte trasera de la casa. El frontis da a la calle del Condestable, y tiene cinco balcones de hierro que parecen cinco castillos. Esta hermosa huerta que hay tras la tapia es la de la señora, y si Vd. se alza sobre los estribos la verá toda desde aquí.

—Pues estamos ya en casa —dijo el caballero—. ¿No se puede entrar por aquí?

—Hay una puertecilla; pero la señora la mandó tapiar.

El caballero se alzó sobre los estribos y alargando cuanto pudo la cabeza, miró por encima de las bardas.

—Veo la huerta toda —indicó—. Allí bajo aquellos árboles está una mujer, una chiquilla... una señorita...

—Es la señorita Rosario —repuso Licurgo riendo.

Y al instante se alzó también sobre los estribos para mirar.

—¡Eh!, señorita Rosario —gritó, haciendo con la derecha mano gestos muy significativos—. Ya estamos aquí... aquí le traigo a su primo.

—Nos ha visto —dijo el caballero, estirando el pescuezo hasta el último grado—. Pero si no me engaño, al lado de ella está un clérigo... un señor sacerdote.

—Es el señor Penitenciario —repuso con naturalidad el labriego.

—Mi prima nos ve... deja solo al clérigo, y echa a correr hacia la casa... Es bonita...

—Como un sol.

—Se ha puesto más encarnada que una cereza. Vamos, vamos, señor Licurgo.

# – III –

## *Pepe Rey*

Antes de pasar adelante conviene decir quién era Pepe Rey y qué asuntos le llevaban a Orbajosa.

Cuando el brigadier Rey murió en 1841, sus dos hijos Juan y Perfecta acababan de casarse, esta con el más rico propietario de Orbajosa, aquel con una joven de la misma ciudad. Llamábase el esposo de Perfecta D. Manuel María José de Polentinos y la mujer de Juan, María Polentinos, pero a pesar de la igualdad de apellido su parentesco era un poco lejano y de aquellos que no coge un galgo[13]. Juan Rey era insigne jurisconsulto graduado en Sevilla, y ejerció la abogacía en esta misma ciudad durante treinta años con tanta gloria como provecho. En 1845 era ya viudo y tenía un hijo que empezaba a hacer diabluras; solía tener por entretenimiento el construir con tierra en el patio de la casa viaductos, malecones, estanques, presas, acequias, soltando después el agua para que entre aquellas frágiles obras corriese. El padre le dejaba hacer y decía: "tú serás ingeniero".

Perfecta y Juan dejaron de verse desde que uno y otro se casaron, porque ella se fue a vivir a Madrid con el opulentísimo Polentinos, que tenía tanta hacienda como buena mano para gastarla. El juego y las mujeres cautivaban de tal modo el corazón de Manuel María José, que habría dado en tierra con toda su fortuna si más pronto que él para derrocharla, no estuviera la muerte para llevárselo a él. En una noche de orgía acabaron de súbito los días de aquel ricacho provinciano, tan vorazmente chupado por las sanguijuelas de la corte y por el insaciable vampiro del juego. Su única heredera era una niña de pocos meses. Con la muerte del esposo de Perfecta se acabaron los sustos en la familia; pero empezó el gran conflicto. La casa de Polentinos estaba arruinada; las fincas en peligro de ser arrebatadas por los prestamistas, todo en desorden, enormes deudas, lamentable administración en Orbajosa, descrédito y ruina en Madrid.

Perfecta llamó a su hermano, el cual, acudiendo en auxilio de la pobre

---

13   *Que no coge un galgo*: algo difícil de precisar o alcanzar.

viuda, mostró tanta diligencia y tino, que al poco tiempo la mayor parte de los peligros habían desaparecido. Principió por obligar a su hermana a residir en Orbajosa, administrando por sí misma sus vastas tierras, mientras él hacía frente en Madrid al formidable empuje de los acreedores. Poco a poco fue descargándose la casa del enorme fardo de sus deudas, porque el bueno de D. Juan Rey, que tenía la mejor mano del mundo para tales asuntos, lidió con la curia, hizo contratos con los principales acreedores, estableció plazos para el pago, resultando de este hábil trabajo que el riquísimo patrimonio de Polentinos saliese a flote, y pudiera seguir dando por luengos años esplendor y gloria a la ilustre familia.

La gratitud de Perfecta era tan viva, que al escribir a su hermano desde Orbajosa, donde resolvió residir hasta que creciera su hija, le decía entre otras ternezas: "Has sido más que hermano para mí, y para mi hija más que su propio padre. ¿Cómo te pagaremos ella y yo tan grandes beneficios? ¡Ay!, querido hermano mío, desde que mi hija sepa discurrir y pronunciar un nombre, yo le enseñaré a bendecir el tuyo. Mi agradecimiento durará toda mi vida. Tu hermana indigna siente no encontrar ocasión de mostrarte lo mucho que te ama y de recompensarte de un modo apropiado a la grandeza de tu alma y a la inmensa bondad de tu corazón".

Cuando esto se escribía, Rosarito tenía dos años. Pepe Rey, encerrado en un colegio de Sevilla, hacía rayas en un papel, ocupándose en probar que *la suma de los ángulos interiores de un polígono vale tantas veces dos rectos como lados tiene menos dos*. Estas enfadosas perogrulladas le traían muy atareado. Pasaron años y más años. El muchacho crecía y no cesaba de hacer rayas. Por último, hizo una que se llama *De Tarragona a Montblanch*. Su primer juguete formal fue el puente de 120 metros sobre el río Francolí.

Durante mucho tiempo doña Perfecta siguió viviendo en Orbajosa. Como su hermano no salió de Sevilla, pasaron no pocos años sin que uno y otro se vieran. Una carta trimestral, tan puntualmente escrita como puntualmente contestada, ponía en comunicación aquellos dos corazones, cuya ternura ni el tiempo ni la distancia podían enfriar. En 1870 cuando D. Juan Rey, satisfecho de haber desempeñado bien su misión en la sociedad, se retiró a vivir en su hermosa casa de Puerto Real, Pepe, que ya había trabajado algunos años en las obras de varias poderosas compañías constructoras, emprendió un viaje de estudio a Alemania e Inglaterra. La fortuna de su padre (tan grande como puede serlo en España la que sólo tiene por origen un honrado bufete), le permitía librarse en breves periodos del yugo del trabajo material. Hombre de elevadas ideas y de inmenso amor a la ciencia, hallaba su más puro goce en la observación y estudio de los prodigios con que el genio del siglo sabe cooperar a la cultura y bienestar físico y perfeccionamiento moral del hombre.

Al regresar del viaje, su padre le anunció la revelación de un importante proyecto, y como Pepe creyera que se trataba de un puente, dársena o cuando menos saneamiento de marismas, sacole de tal error D. Juan manifestándole su pensamiento en estos términos:

—Estamos en Marzo y la carta trimestral de Perfecta no podía faltar. Querido hijo, léela, y si estás conforme con lo que en ella manifiesta esa santa y ejemplar mujer, mi querida hermana, me darás la mayor felicidad que en mi vejez puedo desear. Si no te gustase el proyecto, deséchalo sin reparo, aunque tu negativa me entristezca; que en él no hay ni sombra de imposición por parte mía. Sería indigno de mí y de ti que esto se realizase por coacción de un padre terco. Eres libre de aceptar o no, y si hay en tu voluntad la más ligera resistencia, originada en ley del corazón o en otra causa, no quiero que te violentes por mí.

Pepe dejó la carta sobre la mesa, después de pasar la vista por ella, y tranquilamente dijo:

—Mi tía quiere que me case con Rosario.

—Ella contesta aceptando con gozo mi idea –dijo el padre muy conmovido–. Porque la idea fue mía... sí, hace tiempo, hace tiempo que la concebí... pero no había querido decirte nada, antes de conocer el pensamiento de mi hermana. Como ves Perfecta acoge con júbilo mi plan; dice que también había pensado en lo mismo; pero que no se atrevía a manifestármelo, por ser tú... ¿no ves lo que dice? "por ser tú un joven de singularísimo mérito, y su hija una joven aldeana, educada sin brillantez ni mundanales atractivos...". Así mismo lo dice... ¡Pobre hermana mía! ¡Qué buena es!... Veo que no te enfadas, veo que no te parece absurdo este proyecto mío, algo parecido a la previsión oficiosa de los padres de antaño que casaban a sus hijos sin consultárselo y las más veces haciendo uniones disparatadas y prematuras... Dios quiera que esta sea o prometa ser de las más felices. Es verdad que no conoces a mi sobrina; pero tú y yo tenemos noticias de su virtud, de su discreción, de su modestia y noble sencillez. Para que nada le falte hasta es bonita... Mi opinión –añadió festivamente– es que te pongas en camino y pises el suelo de esa recóndita ciudad episcopal, de esa *urbs augusta*, y allí, en presencia de mi hermana y de su graciosa Rosarito, resuelvas si esta ha de ser algo más que mi sobrina.

Pepe volvió a tomar la carta y la leyó cuidadosamente. Su semblante no expresaba alegría ni pesadumbre. Parecía estar examinando un proyecto de empalme de dos vías férreas.

—Por cierto –decía D. Juan– que en esa remota Orbajosa, donde, entre paréntesis, tienes fincas que puedes examinar ahora, se pasa la vida con la tranquilidad y dulzura de los idilios. ¡Qué patriarcales costumbres! ¡Qué nobleza en aquella sencillez! ¡Qué rústica paz virgiliana! Si en vez de ser matemático fueras latinista, repetirías al entrar allí el *ergo tua rura manebunt*[14]. ¡Qué admirable lugar para dedicarse a la contemplación de nuestra propia

---

14 *Ergo tua rura manebunt*: por lo tanto, tus campos permanecen.

alma y prepararse a las buenas obras! Allí todo es bondad, honradez; allí no se conocen la mentira y la farsa como en nuestras grandes ciudades; allí renacen las santas inclinaciones que el bullicio de la moderna vida ahoga; allí despierta la dormida fe, y se siente vivo impulso indefinible dentro del pecho, al modo de pueril impaciencia que en el fondo de nuestra alma grita: "quiero vivir".

Pocos días después de esta conferencia, Pepe salió de Puerto Real. Había rehusado meses antes una comisión del Gobierno para examinar, bajo el punto de vista minero, la cuenca del río Nahara en el valle de Orbajosa; pero los proyectos a que dio lugar la conferencia referida, le hicieron decir: "Conviene aprovechar el tiempo. Sabe Dios lo que durará ese noviazgo y el aburrimiento que traerá consigo". Dirigiose a Madrid, solicitó la comisión de explorar la cuenca del Nahara, se la dieron sin dificultad, a pesar de no pertenecer oficialmente al cuerpo de minas, púsose luego en marcha, y después de trasbordar un par de veces, el tren mixto número 65 le llevó, como se ha visto, a los amorosos brazos del tío Licurgo.

Frisaba la edad de este excelente joven en los treinta y cuatro años. Era de complexión fuerte y un tanto hercúlea, con rara perfección formado, y tan arrogante, que si llevara uniforme militar ofrecería el más guerrero aspecto y talle que puede imaginarse. Rubios el cabello y la barba, no tenía en su rostro la flemática imperturbabilidad de los sajones, sino por el contrario, una viveza tal que sus ojos parecían negros sin serlo. Su persona bien podía pasar por un hermoso y acabado símbolo, y si fuera estatua, el escultor habría grabado en el pedestal estas palabras: *inteligencia, fuerza*. Si no en caracteres visibles, llevábalas él expresadas vagamente en la luz de su mirar, en el poderoso atractivo que era don propio de su persona, y en las simpatías a que su trato cariñosamente convidaba.

No era de los más habladores: sólo los entendimientos de ideas inseguras y de movedizo criterio propenden a la verbosidad. El profundo sentido moral de aquel insigne joven le hacía muy sobrio de palabras en las disputas que constantemente traban sobre diversos asuntos los hombres del día; pero en la conversación urbana sabía mostrar una elocuencia picante y discreta, emanada siempre del buen sentido y de la apreciación mesurada y justa de las cosas del mundo. No admitía falsedades y mistificaciones, ni esos retruécanos del pensamiento con que se divierten algunas inteligencias impregnadas del gongorismo; y para volver por los fueros de la realidad, Pepe Rey solía emplear a veces, no siempre con comedimiento, las armas de la burla. Esto casi era un defecto a los ojos de gran número de personas que le estimaban, porque aparecía un poco irrespetuoso en presencia de multitud de hechos comunes en el mundo y admitidos por todos. Fuerza es decirlo, aunque se amengüe su prestigio: Rey no conocía la dulce tolerancia del condescendiente siglo que ha inventado singulares velos de lenguaje y de hechos para cubrir lo que a los vulgares ojos pudiera ser desagradable.

Así, y no de otra manera, por más que digan calumniadoras lenguas, era el hombre a quien el tío Licurgo introdujo en Orbajosa en la hora y punto en que la campana de la catedral tocaba a misa mayor. Luego que uno y otro, atisbando por encima de los bardales, vieron a la niña y al Penitenciario y la veloz corrida de aquella hacia la casa, picaron sus caballerías para entrar en la calle Real, donde gran número de vagos se detenían para mirar al viajero, como extraño huésped intruso de la patriarcal ciudad. Torciendo luego a la derecha, en dirección a la catedral, cuya corpulenta fábrica dominaba todo el pueblo, tomaron la calle del Condestable, en la cual, por ser estrecha y empedrada, retumbaban con estridente sonsonete las herraduras, alarmando al vecindario que por ventanas y balcones se mostraba, para satisfacer su curiosidad. Abríanse con singular chasquido las celosías, y caras diversas, casi todas de hembra, asomaban arriba y abajo. Cuando Pepe Rey llegó al arquitectónico umbral de la casa de Polentinos, ya se habían hecho multitud de comentarios diversos sobre su figura.

# – IV –

## *La llegada del primo*

El Sr. Penitenciario, cuando Rosarito se separó bruscamente de él, miró a los bardales y viendo las cabezas del tío Licurgo y de su compañero de viaje, dijo para sí:

—Vamos; ya está ahí ese prodigio.

Quedose un rato meditabundo, sosteniendo el manteo con ambas manos cruzadas sobre el abdomen, fija la vista en el suelo, con los anteojos de oro deslizándose suavemente hacia la punta de la nariz, saliente y húmedo el labio inferior, y un poco fruncidas las blanqui–negras cejas. Era un santo varón, piadoso y de no común saber, de intachables costumbres clericales, algo más de sexagenario, de afable trato, fino y comedido, gran repartidor de consejos y advertencias a hombres y mujeres. Desde luengos años era maestro de latinidad y retórica en el Instituto, cuya noble profesión diole gran caudal de citas horacianas y de floridos tropos, que empleaba con gracia y oportunidad. Nada más conviene añadir acerca de este personaje, sino que cuando sintió el trote largo de las cabalgaduras que corrían hacia la calle del Condestable, se arregló el manteo, enderezó el sombrero, que no estaba del todo bien ajustado en la venerable cabeza, y marchando hacia la casa, murmuró:

—Vamos a conocer a ese prodigio.

En tanto Pepe bajaba de la jaca y en el mismo portal le recibía en sus amantes brazos doña Perfecta, anegado en lágrimas el rostro y sin poder pronunciar sino palabras breves y balbucientes, expresión sincera de su cariño.

—¡Pepe... pero qué grande estás!... ¡y con barbas! Me parece que fue ayer cuando te ponía sobre mis rodillas... ya estás hecho un hombre, todo un hombre... ¡Cómo pasan los años!... ¡Jesús! Aquí tienes a mi hija Rosario.

Diciendo esto, habían llegado a la sala baja, ordinariamente destinada a recibir, y doña Perfecta presentole a su hija.

Era Rosarito una muchacha de apariencia delicada y débil, que anunciaba inclinaciones a lo que los portugueses llaman *saudades*. En su rostro fino y puro se observaba la pastosidad nacarada que la mayor parte de los poetas atribuyen a sus heroínas, y sin cuyo barniz sentimental parece que ninguna Enriqueta y ninguna Julia pueden ser interesantes. Pero lo principal en Rosario era que tenía tal expresión de dulzura y modestia, que al verla no se echaban de menos las perfecciones de que carecía. No es esto decir que era fea; mas también es cierto que habría pasado por hiperbólico el que la llamara hermosa, dando a esta palabra su riguroso sentido. La hermosura real de la niña de doña Perfecta consistía en una especie de transparencia, prescindiendo del nácar, del alabastro, del marfil y demás materias usadas en la composición descriptiva de los rostros humanos, una especie de transparencia, digo, por la cual todas las honduras de su alma se veían claramente; honduras no cavernosas y horribles como las del mar, sino como las de un manso y claro río. Pero allí faltaba materia para que la persona fuese completa: faltaba cauce, faltaban orillas. El vasto caudal de su espíritu se desbordaba, amenazando devorar las estrechas riberas.

Al ser saludada por su primo, se puso como la grana y sólo pronunció algunas palabras torpes.

—Estarás desmayado –dijo doña Perfecta a su sobrino–. Ahora mismo te daremos de almorzar.

—Con permiso de Vd. –repuso el viajero–, voy a quitarme el polvo del camino.

—Muy bien pensado –dijo la señora– Rosario, lleva a tu primo al cuarto que le hemos preparado. Despáchate pronto, sobrino. Voy a dar mis órdenes.

Rosario llevó a su primo a una hermosa habitación situada en el piso bajo. Desde que puso el pie dentro de ella, Pepe reconoció en todos los detalles de la vivienda la mano diligente y cariñosa de una mujer. Todo estaba puesto con arte singular, y el aseo y frescura de cuanto allí había convidaban a reposar en tan hermoso nido. El huésped reparó minuciosidades que le hicieron reír.

—Aquí tienes la campanilla –dijo Rosarito, tomando el cordón de ella, cuya borla caía sobre la cabecera del lecho–. No tienes más que alargar la mano. La mesa de escribir está puesta de modo que recibas la luz por la izquierda... Mira, en esta cesta echarás los papeles rotos... ¿Tú fumas?

—Tengo esa desgracia –repuso Pepe, sonriendo.

—Pues aquí puedes echar las puntas de cigarro –dijo ella, tocando con la punta del pie un mueble de latón dorado lleno de arena–. No hay cosa más fea que ver el suelo lleno de colillas de cigarro... Mira el lavabo... Para la ropa tienes un ropero y una cómoda... Creo que la relojera está mal aquí y se te debe poner junto a la cama... Si te molesta la luz no tienes más que correr el transparente tirando de la cuerda... ¿ves?... risch...

Pepe estaba encantado.

Rosarito abrió una ventana.

—Mira —dijo—, esta ventana da a la huerta. Por aquí entra el sol de tarde. Aquí tenemos colgada la jaula de un canario, que canta como un loco. Si te molesta la quitaremos.

Luego abrió otra ventana del testero opuesto.

—Esta otra ventana —añadió— da a la calle. Mira, de aquí se ve la catedral, que es muy hermosa y está llena de preciosidades. Vienen muchos ingleses a verla. No abras las dos ventanas a un tiempo, porque las corrientes de aire son muy malas.

—Querida prima —dijo Pepe con el alma inundada de inexplicable gozo—. En todo lo que está delante de mis ojos veo una mano de ángel que no puede ser sino la tuya. ¡Qué hermoso cuarto es este! Me parece que he vivido en él toda mi vida. Está convidando a la paz.

Rosarito no contestó nada a estas cariñosas expresiones, y sonriendo salió.

—No tardes —dijo desde la puerta— el comedor está también abajo... en el centro de esta galería.

Entró el tío Licurgo con el equipaje. Pepe le recompensó con una largueza a que el labriego no estaba acostumbrado, y este, después de dar las gracias con humildad, llevose la mano a la cabeza como quien ni se pone ni se quita el sombrero, y en tono embarazoso, mascando las palabras, como quien no dice ni deja de decir las cosas, se expresó de este modo:

—¿Cuándo será la mejor hora para hablar al señor D. José de un... de un asuntillo?

—¿De un asuntillo? Ahora mismo —repuso Pepe, abriendo su baúl.

—No es oportunidad —dijo el labriego—. Descanse el Sr. D. José, que tiempo tenemos. Más días hay que longanizas, como dijo el otro; y un día viene tras otro día... Que Vd. descanse, Sr. D. José... Cuando quiera dar un paseo... la jaca no es mala... Con que buenos días, Sr. D. José. Que viva Vd. mil años... ¡Ah!, se me olvidaba —añadió, volviendo a entrar después de algunos segundos de ausencia—. Si quiere Vd. algo para el señor juez municipal... Ahora voy allá a hablarle de nuestro asuntillo...

—Dele Vd. expresiones —dijo festivamente, no encontrando mejor fórmula para sacudirse de encima al legislador espartano.

—Pues quede con Dios el Sr. D. José.

—Abur.

El ingeniero no había sacado su ropa, cuando aparecieron por tercera vez en la puerta los sagaces ojuelos y la marrullera fisonomía del tío Licurgo.

—Perdone el Sr. D. José —dijo mostrando en afectada risa sus blanquísimos dientes—. Pero... quería decirle que si Vd. desea que esto se arregle por amigables componedores... Aunque, como dijo el otro, pon lo tuyo en consejo y unos dirán que es blanco y otros que es negro...

—¿Hombre, quiere Vd. irse de aquí?

—Dígolo porque a mí me carga la justicia. No quiero nada con justicia. Del lobo un pelo y ese de la frente. Con que con Dios, Sr. D. José. Dios le conserve sus días para favorecer a los pobres...

—Adiós, hombre, adiós.

Pepe echó la llave a la puerta, y dijo para sí:

—La gente de este pueblo parece muy pleitista.

# – V –

## ¿Habrá desavenencia?

Poco después, Pepe se presentaba en el comedor.

—Si almuerzas fuerte –le dijo doña Perfecta con cariñoso acento– se te va a quitar la gana de comer. Aquí comemos a la una. Las modas del campo no te gustarán.

—Me encantan, señora tía.

—Pues di lo que prefieres: ¿almorzar fuerte ahora o tomar una cosita ligera para que resistas hasta la hora de comer?

—Escojo la cosa ligera para tener el gusto de comer con ustedes; y si en Villahorrenda hubiera encontrado algún alimento, nada tomaría a esta hora.

—Por supuesto, no necesito decirte que nos trates con toda franqueza. Aquí puedes mandar como si estuvieras en tu casa.

—Gracias, tía.

—¡Pero cómo te pareces a tu padre! –añadió la señora, contemplando con verdadero arrobamiento al joven mientras este comía–. Me parece que estoy mirando a mi querido hermano Juan. Se sentaba como te sientas tú, y comía lo mismo que tú. En el modo de mirar sobre todo sois como dos gotas de agua.

Pepe la emprendió con el frugal desayuno. Las expresiones así como la actitud y las miradas de su tía y prima le infundían tal confianza, que se creía ya en su propia casa.

—¿Sabes lo que me decía Rosario esta mañana? –indicó doña Perfecta, fija la vista en su sobrino–. Pues me decía que tú, como hombre hecho a las pompas y etiquetas de la corte y a las modas del extranjero, no podrás soportar esta sencillez un poco rústica en que vivimos y esta falta de buen tono, pues aquí todo es a la pata la llana [15].

—¡Qué error! –repuso Pepe, mirando a su prima–. Nadie aborrece más que yo las falsedades y comedias de lo que llaman alta sociedad. Crean ustedes que hace tiempo deseo darme, como decía no sé quién, un baño de cuer-

---

15  *A la pata la llana*: simplemente, llanamente, sin afectación.

po entero en la naturaleza; vivir lejos del bullicio, en la soledad y sosiego del campo. Anhelo la tranquilidad de una vida sin luchas, sin afanes, ni envidioso ni envidiado, como dijo el poeta. Durante mucho tiempo mis estudios primero y mis trabajos después me han impedido el descanso que necesito y que reclaman mi espíritu y mi cuerpo; pero desde que entré en esta casa, querida tía, querida prima, me he sentido rodeado de la atmósfera de paz que deseo. No hay que hablarme, pues, de sociedades altas ni bajas, ni de mundos grandes ni chicos, porque de buen grado[16] los cambio todos por este rincón.

Esto decía cuando los cristales de la puerta que comunicaba el comedor con la huerta se oscurecieron por la superposición de una larga opacidad negra. Los vidrios de unos espejuelos despidieron, heridos por la luz del sol, fugitivo rayo; rechinó el picaporte, abriose la puerta y el señor Penitenciario penetró con gravedad en la estancia. Saludó y se inclinó, quitándose la canaleja hasta tocar con el ala de ella al suelo.

—Es el señor Penitenciario de esta Santa Catedral –dijo Doña Perfecta–, persona a quien estimamos mucho y de quien espero serás amigo. Siéntese usted, Sr. D. Inocencio.

Pepe estrechó la mano del venerable canónigo y ambos se sentaron.

—Pepe, si acostumbras fumar después de comer no dejes de hacerlo –manifestó benévolamente doña Perfecta–, ni el señor Penitenciario tampoco.

A la sazón el buen D. Inocencio sacaba de debajo de la sotana una gran petaca de cuero, marcado con irrecusables señales de antiquísimo uso, y la abrió desenvainando de ella dos largos pitillos, uno de los cuales ofreció a nuestro amigo. De un cartoncejo[17] que irónicamente llaman los españoles *wagon*, sacó Rosario un fósforo, y bien pronto ingeniero y canónigo echaban su humo el uno sobre el otro.

—¿Y qué le parece al Sr. D. José nuestra querida ciudad de Orbajosa? –preguntó el canónigo, cerrando fuertemente el ojo izquierdo, según su costumbre mientras fumaba.

—Todavía no he podido formar idea de este pueblo –dijo Pepe–. Por lo poco que he visto, me parece que no le vendrían mal a Orbajosa media docena de grandes capitales dispuestos a emplearse aquí, un par de cabezas inteligentes que dirigieran la renovación de este país, y algunos miles de manos activas. Desde la entrada del pueblo hasta la puerta de esta casa he visto más de cien mendigos. La mayor parte son hombres sanos y aun robustos. Es un ejército lastimoso cuya vista oprime el corazón.

—Para eso está la caridad –afirmó D. Inocencio–. Por lo demás, Orbajosa no es un pueblo miserable. Ya sabe Vd. que aquí se producen los primeros ajos de toda España. Pasan de veinte las familias ricas que viven entre nosotros.

—Verdad es –indicó doña Perfecta– que los últimos años han sido detestables a causa de la seca; pero aun así las paneras no están vacías, y se han

---

16  *De buen grado*: aceptar algo de buena manera.
17  *Cartoncejo*: diminutivo de cartón.

llevado últimamente al mercado muchos miles de ristras de ajos.

—En tantos años que llevo de residencia en Orbajosa –dijo el clérigo, frunciendo el ceño– he visto llegar aquí innumerables personajes de la Corte, traídos unos por la gresca electoral, otros por visitar algún abandonado terruño o ver las antigüedades de la catedral, y todos entran hablándonos de arados ingleses, de trilladoras mecánicas, de saltos de aguas de bancos y qué sé yo cuántas majaderías. El estribillo es que esto es muy malo y que podía ser mejor. Váyanse con mil demonios; que aquí estamos muy bien sin que los señores de la Corte nos visiten, y mucho mejor sin oír ese continuo clamoreo de nuestra pobreza y de las grandezas y maravillas de otras partes. Más sabe el loco en su casa que el cuerdo en la ajena, ¿no es verdad, señor D. José? Por supuesto, no se crea ni remotamente que lo digo por Vd. De ninguna manera. Pues no faltaba más. Ya sé que tenemos delante a uno de los jóvenes más eminentes de la España moderna, a un hombre que sería capaz de transformar en riquísimas comarcas nuestras áridas estepas... Ni me incomoda porque usted me cante la vieja canción de los arados ingleses y la arboricultura y la selvicultura... Nada de eso; a hombres de tanto, de tantísimo talento, se les puede dispensar el desprecio que muestran hacia nuestra humildad. Nada, amigo mío, nada, señor D. José, está Vd. autorizado para todo, para todo, incluso para decirnos que somos poco menos que cafres.

Esta filípica, terminada con marcado tono de ironía, y harto impertinente toda ella, no agradó al joven; pero se abstuvo de manifestar el más ligero disgusto y siguió la conversación, procurando en lo posible huir de los puntos en que el susceptible patriotismo del señor canónigo hallase fácil motivo de discordia. Este se levantó en el momento en que la señora hablaba con su sobrino de asuntos de familia y dio algunos pasos por la estancia.

Era esta, vasta y clara, cubierta de antiguo papel, cuyas flores y ramos, aunque descoloridos, conservaban su primitivo dibujo, gracias al aseo que reinaba en todas y cada una de las partes de la vivienda. El reloj, de cuya caja colgaban al descubierto, al parecer, las inmóviles pesas y el voluble[18] péndulo, diciendo perpetuamente que *no*, ocupaba con su abigarrado horario el lugar preeminente entre los sólidos muebles del comedor, completando el ornato de las paredes una serie de láminas francesas que representaban las hazañas del conquistador de Méjico, con prolijas explicaciones al pie, en las cuales se hablaba de un *Ferdinand Cortez* y de una *Donna Marine* tan inverosímiles como las figuras dibujadas por el ignorante artista. Entre las dos puertas vidrieras que comunicaban con la huerta, había un aparato de latón, que no es preciso describir desde que se diga que servía de sustentáculo a un loro, el cual se mantenía allí con la seriedad y circunspección propias de estos animalejos, observándolo todo. La fisonomía irónica y dura de los loros, su casaca verde, su gorrete encarnado, sus botas amarillas y por último las roncas palabras burlescas que suelen pronunciar, les dan un aspecto extraño y repulsivo entre serio

18  "volublo" en el original. (N. del E.)

y ridículo. Tienen no sé qué rígido empaque de diplomáticos. A veces parecen bufones, y siempre se asemejan a ciertos finchados sujetos que por querer parecer muy superiores, tiran a la caricatura.

Era el Penitenciario muy amigo del loro. Cuando dejó a la señora y a Rosario en coloquio con el viajero, llegose a él, y dejándose morder con la mayor complacencia el dedo índice, le dijo:

—Tunante, bribón, ¿por qué no hablas? Poco valdrías si no fueras charlatán. De charlatanes está lleno el mundo de los hombres y el de los pájaros.

Luego cogió con su propia venerable mano algunos garbanzos del cercano cazuelillo y se los dio a comer. El animal empezó a llamar a la criada pidiéndole chocolate, y sus palabras distrajeron a las dos damas y al caballero de una conversación que no debía de ser muy importante.

# – VI –

## *Donde se ve que puede surgir la desavenencia cuando menos se espera*

De súbito se presentó el Sr. D. Cayetano Polentinos, hermano político de doña Perfecta, el cual entró con los brazos abiertos, gritando:

—Venga, venga acá, Sr. D. José de mi alma.

Y se abrazaron cordialmente. D. Cayetano y Pepe se conocían, porque el distinguido erudito y bibliófilo solía hacer excursiones a Madrid cuando se anunciaba almoneda de libros, procedentes de la testamentaría de algún *buquinista*[19]. Era D. Cayetano alto y flaco, de edad mediana, si bien el continuo estudio o los padecimientos le habían desmejorado mucho; se expresaba con una corrección alambicada que le sentaba a las mil maravillas, y era cariñoso y amable, a veces con exageración.

Respecto de su vasto saber, ¿qué puede decirse sino que era un verdadero prodigio? En Madrid su nombre no se pronunciaba sin respeto, y si don Cayetano residiera en la capital, no se escapara sin pertenecer, a pesar de su modestia, a todas las academias existentes y por existir. Pero él gustaba del tranquilo aislamiento, y el lugar que en el alma de otros tiene la vanidad, teníalo en el suyo la pasión pura de los libros, el amor al estudio solitario y recogido sin otra ulterior mira y aliciente que los propios libros y el estudio mismo.

Había formado en Orbajosa una de las más ricas bibliotecas que en toda la redondez de España se encuentran, y dentro de ella pasaba largas horas del día y de la noche, compilando, clasificando, tomando apuntes y entresacando diversas suertes de noticias preciosísimas, o realizando quizás algún inaudito y jamás soñado trabajo, digno de tan gran cabeza.

Sus costumbres eran patriarcales; comía poco, bebía menos, y sus únicas calaveradas consistían en alguna merienda en los Alamillos en días muy sonados, y paseos diarios a un lugar llamado Mundogrande, donde a menudo eran desenterradas del fango de veinte siglos medallas romanas y pedazos de arquitrabe, extraños plintos de desconocida arquitectura y tal cual ánfora o cubicularia de inestimable precio.

19 *Buquinista*: del francés "bouquiniste", puesto donde se venden libros viejos.

Vivían D. Cayetano y doña Perfecta en una armonía tal, que la paz del Paraíso no se le igualara. Jamás riñeron. Es verdad que él no se mezclaba para nada en los asuntos de la casa, ni ella en los de la biblioteca más que para hacerla barrer y limpiar todos los sábados, respetando con religiosa admiración los libros y papeles que sobre la mesa y en diversos parajes estaban de servicio.

Después de las preguntas y respuestas propias del caso, D. Cayetano dijo:

—Ya he visto la caja. Siento mucho que no me trajeras la edición de 1527. Tendré que hacer yo mismo un viaje a Madrid... ¿Vas a estar aquí mucho tiempo? Mientras más, mejor, querido Pepe. ¡Cuánto me alegro de tenerte aquí! Entre los dos vamos a arreglar parte de mi biblioteca y a hacer un índice de escritores de la Jineta. No siempre se encuentra a mano un hombre de tanto talento como tú... Verás mi biblioteca... Podrás darte en ella buenos atracones de lectura... Todo lo que quieras... Verás maravillas, verdaderas maravillas, tesoros inapreciables, rarezas que sólo yo poseo, sólo yo... Pero, en fin, me parece que ya es hora de comer, ¿no es verdad, José? ¿No es verdad Perfecta? ¿No es verdad Rosarito? ¿No es verdad, señor D. Inocencio?... hoy es Vd. dos veces Penitenciario: dígolo porque ¿nos acompañará Vd. a hacer penitencia?

El canónigo se inclinó y sonriendo mostraba simpáticamente su aquiescencia. La comida fue cordial, y en todos los manjares se advertía la abundancia desproporcionada de los banquetes de pueblo, realizada a costa de la variedad. Había para atracarse doble número de personas que las allí reunidas. La conversación recayó en asuntos diversos.

—Es preciso que visite Vd. cuanto antes nuestra catedral —dijo el canónigo—. ¡Como esta hay pocas, Sr. D. José!... Verdad es que Vd., que tantas maravillas ha visto en el extranjero, no encontrará nada notable en nuestra vieja iglesia... Nosotros, los pobres patanes de Orbajosa, la encontramos divina. El maestro López de Berganza, racionero de ella, la llamaba en el siglo XVI *pulchra augustiana*[20]... Sin embargo, para hombres de tanto saber como Vd., quizás no tenga ningún mérito, y cualquier mercado de hierro será más bello.

Cada vez disgustaba más a Pepe Rey el lenguaje irónico del sagaz canónigo, pero resuelto a contener y disimular su enfado, no contestó sino con palabras vagas. Doña Perfecta tomó en seguida la palabra, y jovialmente se expresó así.

—Cuidado, Pepito; te advierto que si hablas mal de nuestra santa iglesia perderemos las amistades. Tú sabes mucho y eres un hombre eminente que de todo entiendes; pero si has de descubrir que esa gran fábrica no es la octava maravilla, guárdate en buen hora tu sabiduría, y no nos saques de bobos...

—Lejos de creer que este edificio no es bello —repuso Pepe—, lo poco que de su exterior he visto me ha parecido de imponente hermosura. De modo, señora tía, que no hay para qué asustarse; ni yo soy sabio ni mucho menos.

—Poco a poco —dijo el canónigo, extendiendo la mano y dando paz a la

---

20  *Pulchra augustiana*: hermosura espléndida.

boca por breve rato para que hablando descansase del mascar–. Alto allá: no venga Vd. aquí haciéndose el modesto, Sr. D. José; que hartos estamos de saber lo muchísimo que Vd. vale, la gran fama de que goza y el papel importantísimo que desempeñará donde quiera que se presente. No se ven hombres así todos los días. Pero ya que de este modo ensalzo los méritos de Vd...

Detúvose para seguir comiendo, y luego que la sin hueso [21] quedó libre, continuó así:

—Ya que de este modo ensalzo los méritos de usted, permítaseme expresar otra opinión con la franqueza que es propia de mi carácter. Sí, Sr. D. José, sí, Sr. D. Cayetano; sí señora y niña mías: la ciencia, tal como la estudian y la propagan los modernos, es la muerte del sentimiento y de las dulces ilusiones. Con ella la vida del espíritu se amengua; todo se reduce a reglas fijas, y los mismos encantos sublimes de la Naturaleza desaparecen. Con la ciencia destrúyese lo maravilloso en las artes, así como la fe en el alma. La ciencia dice que todo es mentira y todo lo quiere poner en guarismos y rayas, no sólo *maria ac terras* [22], donde estamos nosotros, sino también *cælumque profundum* [23], donde está Dios... Los admirables sueños del alma, su arrobamiento místico, la inspiración misma de los poetas, mentira. El corazón es una esponja, el cerebro una gusanera.

Todos rompieron a reír, mientras él daba paso a un trago de vino.

—Vamos, ¿me negará el Sr. D. José –añadió el sacerdote–, que la ciencia, tal como se enseña y se propaga hoy, va derecha a hacer del mundo y del género humano una gran máquina?

—Eso según y conforme –dijo D. Cayetano–. Todas las cosas tienen su pro y su contra.

—Tome Vd. más ensalada, señor Penitenciario –dijo doña Perfecta–. Está cargadita de mostaza, como a Vd. le gusta.

Pepe Rey no gustaba de entablar vanas disputas, ni era pedante, ni alardeaba de erudito, mucho menos ante mujeres y en reuniones de confianza: pero la importuna verbosidad agresiva del canónigo necesitaba, según él, un correctivo. Para dárselo le pareció mal sistema exponer ideas, que concordando con las del canónigo, halagasen a este, y decidió manifestar las opiniones que más contrariaran y más acerbamente mortificasen al mordaz Penitenciario.

—Quieres divertirte conmigo –dijo para sí–. Verás qué mal rato te voy a dar.

Y luego añadió en voz alta:

—Cierto es todo lo que el señor Penitenciario ha dicho en tono de broma. Pero no es culpa nuestra que la ciencia esté derribando a martillazos un día y otro tanto ídolo vano, la superstición, el sofisma, las mil mentiras de lo pasado, bellas las unas, ridículas las otras, pues de todo hay en la viña del Señor. El mundo de las ilusiones, que es como si dijéramos un segundo mundo, se viene abajo con estrépito. El misticismo en religión, la rutina en la cien-

21  *La sin hueso*: la lengua.
22  *Maria ac terras*: los mares y las tierras.
23  *Caelumque profunda*: los cielos y los abismos.

cia, el amaneramiento en las artes, caen como cayeron los dioses paganos, entre burlas. Adiós, sueños torpes: el género humano despierta y sus ojos ven la realidad. El sentimentalismo vano, el misticismo, la fiebre, la alucinación, el delirio desaparecen, y el que antes era enfermo hoy está sano y se goza con placer indecible en la justa apreciación de las cosas. La fantasía, la terrible loca, que era el ama de la casa, pasa a ser criada... Dirija Vd. la vista a todos lados, señor Penitenciario, y verá el admirable conjunto de realidad que ha sustituido a la fábula. El cielo no es una bóveda, las estrellas no son farolillos, la luna no es una cazadora traviesa, sino un pedrusco opaco, el sol no es un cochero emperejilado y vagabundo sino un incendio fijo. Las sirtes no son ninfas sino dos escollos, las sirenas son focas, y en el orden de las personas, Mercurio es Manzanedo; Marte es un viejo barbilampiño, el conde de Moltke; Néstor puede ser un señor de gabán que se llama Mr. Thiers; Orfeo es Verdi; Vulcano es Krupp; Apolo es cualquier poeta. ¿Quiere Vd. más? Pues Júpiter, un Dios digno de ir a presidio si viviera aún, no descarga el rayo, sino que el rayo cae cuando a la electricidad le da la gana. No hay Parnaso, no hay Olimpo, no hay laguna Estigia, ni otros Campos Elíseos que los de París. No hay ya más bajadas al infierno que las de la geología, y este viajero, siempre que vuelve, dice que no hay condenados en el centro de la tierra. No hay más subidas al cielo que las de la astronomía, y esta a su regreso asegura no haber visto los seis o siete pisos de que hablan el Dante y los místicos y soñadores de la Edad Media. No encuentra sino astros y distancias, líneas, enormidades de espacio y nada más. Ya no hay falsos cómputos de la edad del mundo, porque la paleontología y la prehistoria han contado los dientes de esta calavera en que vivimos y averiguado su verdadera edad. La fábula, llámese paganismo o idealismo cristiano, ya no existe, y la imaginación está de cuerpo presente. Todos los milagros posibles se reducen a los que yo hago en mi gabinete cuando se me antoja con una pila de Bunsen, un hilo inductor y una aguja imantada. Ya no hay más multiplicaciones de panes y peces que las que hace la industria con sus moldes y máquinas y las de la imprenta, que imita a la Naturaleza sacando de un solo tipo millones de ejemplares. En suma, señor canónigo del alma, se han corrido las órdenes para dejar cesantes a todos los absurdos, falsedades, ilusiones, ensueños, sensiblerías y preocupaciones que ofuscan el entendimiento del hombre. Celebremos el suceso.

Cuando concluyó de hablar, en los labios del canónigo retozaba una sonrisilla, y sus ojos habían tomado animación extraordinaria. D. Cayetano se ocupaba en dar diversas formas, ora romboidales, ora prismáticas, a una bolita de pan. Pero doña Perfecta estaba pálida y fijaba sus ojos en el canónigo con insistencia observadora. Rosarito contemplaba llena de estupor a su primo. Este se inclinó hacia ella y al oído le dijo disimuladamente en voz muy baja:

—No me hagas caso, primita. Digo estos disparates para sulfurar al señor canónigo.

# – VII –

## *La desavenencia crece*

—Puede que creas –indicó doña Perfecta con ligero acento de vanidad–, que el Sr. D. Inocencio se va a quedar callado sin contestarte a todos y cada uno de esos puntos.

—¡Oh, no! –exclamó el canónigo, arqueando las cejas–. No mediré yo mis escasas fuerzas con adalid tan valiente y al mismo tiempo tan bien armado. El Sr. D. José lo sabe todo, es decir, tiene a su disposición todo el arsenal de las ciencias exactas. Bien sé que la doctrina que sustenta es falsa; pero yo no tengo talento ni elocuencia para combatirla. Emplearía yo las armas del sentimiento; emplearía argumentos teológicos, sacados de la revelación, de la fe, de la palabra divina; pero ¡ay!,el Sr. D. José, que es un sabio eminente, se reiría de la teología, de la fe, de la revelación, de los santos profetas, del Evangelio... Un pobre clérigo ignorante, un desdichado que no sabe matemáticas, ni filosofía alemana en que hay aquello de *yo* y *no yo*, un pobre dómine que no sabe más que la ciencia de Dios y algo de poetas latinos no puede entrar en combate con estos bravos corifeos.

Pepe Rey prorrumpió en francas risas.

—Veo que el Sr. D. Inocencio –dijo– ha tomado por lo serio estas majaderías que he dicho... Vaya, señor canónigo, vuélvanse cañas las lanzas [24] y todo se acabó. Seguro estoy de que mis verdaderas ideas y las de Vd. no están en desacuerdo. Vd. es un varón piadoso e instruido. Aquí el ignorante soy yo. Si he querido bromear dispénsenme todos: yo soy así.

—Gracias –repuso el presbítero visiblemente contrariado–. ¿Ahora salimos con esa? Bien sé yo, bien sabemos todos que las ideas que Vd. ha sustentado son las suyas. No podía ser de otra manera. Usted es el hombre del siglo. No puede negarse que su entendimiento es prodigioso, verdaderamente prodigioso. Mientras Vd. hablaba, yo, lo confieso ingenuamente, al mismo tiempo que en mi interior deploraba error tan grande, no podía menos de admirar lo sublime de la expresión, la prodigiosa facundia, el método sorpren-

24  *Vuélvanse cañas las lanzas*: hágase la paz

dente de su raciocinio, la fuerza de los argumentos... ¡Qué cabeza, señora doña Perfecta, qué cabeza la de este joven sobrino de usted! Cuando estuve en Madrid y me llevaron al Ateneo, confieso que me quedé absorto al ver el asombroso ingenio que Dios ha dado a los ateos y protestantes.

—Sr. D. Inocencio –dijo doña Perfecta, mirando alternativamente a su sobrino y a su amigo– creo que Vd. al juzgar a este chico, traspasa los límites de la benevolencia... No te enfades, Pepe, ni hagas caso de lo que digo, por que yo ni soy sabia, ni filósofa, ni teóloga, pero me parece que el señor don Inocencio acaba de dar una prueba de su gran modestia y caridad cristiana, negándose a apabullarte, como podía hacerlo, si hubiese querido...

—¡Señora, por Dios! –murmuró el eclesiástico.

—Si es lo que deseo –repuso Pepe riendo.

—Él es así –añadió la señora–. Siempre haciéndose la mosquita muerta... Y sabe más que los cuatro doctores. ¡Ay, Sr. D. Inocencio, qué bien le sienta a Vd. el nombre que tiene! Pero no se nos venga acá con humildades importunas. Si mi sobrino no tiene pretensiones... Si él sabe lo que le han enseñado y nada más... Si ha aprendido el error, ¿qué más puede desear sino que Vd. le ilustre y le saque del infierno de sus mentirosas doctrinas?

—Justamente, no deseo otra cosa, sino que el señor Penitenciario me saque... –murmuró Pepe, comprendiendo que sin quererlo se había metido en un laberinto.

—Yo soy un pobre clérigo que no sabe más que la ciencia antigua –repuso D. Inocencio–. Reconozco el inmenso valer científico mundano del Sr. D. José, y ante tan brillante oráculo, callo y me postro.

Diciendo esto, el canónigo cruzaba ambas manos sobre el pecho, inclinando la cabeza. Pepe Rey estaba un si es no es [25] turbado a causa del giro que diera su tía a una vana disputa festiva en la que tomó parte tan sólo por acalorar un poco la conversación. Creyó prudente poner punto en tan peligroso tratado, y con este fin dirigió una pregunta al señor D. Cayetano, cuando este, despertando del vaporoso letargo que tras los postres le sobrevino, ofrecía a los comensales los indispensables palillos clavados en un pavo de porcelana que hacía la rueda [26].

—Ayer he descubierto una mano empuñando el asa de un ánfora en la cual hay varios signos hieráticos. Te la enseñaré –dijo D. Cayetano, gozoso de plantear un tema de su predilección.

—Supongo que el señor de Rey será también muy experto en cosas de arqueología –indicó el canónigo, que siempre implacable, corría tras su víctima, siguiéndola hasta su más escondido refugio.

—Por supuesto –dijo doña Perfecta–. ¿De qué no entenderán estos despabilados niños del día? Todas las ciencias las llevan en las puntas de los dedos. Las universidades y las academias les instruyen de todo en un periquete dándoles patentes de sabiduría.

---

25  *Un si es no es*: algo dudoso, poco firme e inseguro.
26  *Que hacía la rueda*: que iban pasando de mano en mano.

—¡Oh!, eso es injusto –repuso el canónigo, observando la penosa impresión que manifestaba el semblante del ingeniero.

—Mi tía tiene razón –afirmó Pepe–. Hoy aprendemos un poco de todo, y salimos de las escuelas con rudimentos de diferentes estudios.

—Decía –añadió el canónigo– que será Vd. un gran arqueólogo.

—No sé una palabra de esa ciencia –repuso el joven–. Las ruinas son ruinas, y nunca me ha gustado empolvarme en ellas.

D. Cayetano hizo una mueca muy expresiva.

—No es esto condenar la arqueología –dijo vivamente el sobrino de doña Perfecta, advirtiendo con dolor que no pronunciaba una palabra sin herir a alguien–. Bien sé que del polvo sale la historia. Esos estudios son preciosos y utilísimos.

—Usted –observó el Penitenciario, metiéndose el palillo en la última muela– se inclinará más a los estudios de controversia. Ahora se me ocurre una excelente idea, Sr. D. José. Vd. debiera ser abogado.

—La abogacía es una profesión que aborrezco –replicó Pepe Rey–. Conozco abogados muy respetables, entre ellos a mi padre, que es el mejor de los hombres. A pesar de tan buen ejemplo, en mi vida me hubiera sometido a ejercer una profesión que consiste en defender lo mismo en pro que en contra de las cuestiones. No conozco error, ni preocupación, ni ceguera más grande que el empeño de las familias en inclinar a la mejor parte de la juventud a la abogacía. La primera y más terrible plaga de España es la turbamulta de jóvenes abogados, para cuya existencia es necesario una fabulosa cantidad de pleitos. Las cuestiones se multiplican en proporción de la demanda. Aun así, muchísimos se quedan sin trabajo, y como un señor jurisconsulto no puede tomar el arado ni sentarse al telar, de aquí proviene ese brillante escuadrón de holgazanes llenos de pretensiones que fomentan la empleomanía[27], perturban la política, agitan la opinión y engendran las revoluciones. De alguna parte han de comer. Mayor desgracia sería que hubiera pleitos para todos.

—Pepe, por Dios, mira lo que hablas –dijo doña Perfecta, con marcado tono de severidad–. Pero dispénsele Vd., Sr. D. Inocencio... porque él ignora que Vd. tiene un sobrinito el cual, aunque recién salido de la Universidad, es un portento en la abogacía.

—Yo hablo en términos generales –manifestó Pepe con firmeza–. Siendo, como soy, hijo de un abogado ilustre, no puedo desconocer que algunas personas ejercen esta noble profesión con verdadera gloria.

—No... si mi sobrino es un chiquillo todavía –dijo el canónigo, afectando humildad–. Muy lejos de mi ánimo afirmar que es un prodigio de saber, como el Sr. de Rey. Con el tiempo quién sabe... Su talento no es brillante ni seductor. Por supuesto, las ideas de Jacintito son sólidas, su criterio sano; lo que sabe lo sabe a macha martillo[28]. No conoce sofisterías ni palabras huecas...

Pepe Rey parecía cada vez más inquieto. La idea de que sin quererlo,

---

27  *Empleomanía*: neologismo que significa afán por buscar o conseguir empleo (trabajo).

28  *A macha martillo*: con la solidez de la exsperiencia repetida

estaba en contradicción con las ideas de los amigos de su tía, le mortificaba, y resolvió callar por temor a que él y D. Inocencio concluyeran tirándose los platos a la cabeza. Felizmente el esquilón de la catedral, llamando a los canónigos a la importante tarea del coro, le sacó de situación tan penosa. Levantose el venerable varón y se despidió de todos, mostrándose con Pepe tan lisonjero, tan amable, cual si la amistad más íntima desde largo tiempo les uniera. El canónigo, después de ofrecerse para servirle en todo, le prometió presentarle a su sobrino, a fin de que este le acompañase a ver la población, y le dijo las expresiones más cariñosas, dignándose agraciarle al salir con una palmadita en el hombro. Pepe Rey aceptando con gozo aquellas fórmulas de concordia, vio, sin embargo, el cielo abierto cuando el sacerdote salió del comedor y de la casa.

# – VIII –

## *A toda prisa*

Poco después la escena había cambiado. Don Cayetano, encontrando descanso a sus sublimes tareas en un dulce sueño que de él se amparó, dormía blandamente en un sillón del comedor. Doña Perfecta andaba por la casa tras sus quehaceres. Rosarito, sentándose junto a una de las vidrieras que a la huerta se abrían, miró a su primo, diciéndole con la muda oratoria de los ojos:

—Primo, siéntate aquí junto a mí, y dime todo eso que tienes que decirme.

Pepe Rey, aunque matemático, lo comprendió.

—Querida prima –dijo Pepe–, ¡cuánto te habrás aburrido hoy con nuestras disputas! Bien sabe Dios que por mi gusto no habría pedanteado como viste; pero el señor canónigo tiene la culpa... ¿Sabes que me parece singular ese señor sacerdote?...

—¡Es una persona excelente! –repuso Rosarito, demostrando el gozo que sentía por verse en disposición de dar a su primo todos los datos y noticias que necesitase.

—¡Oh!, sí, una excelente persona. ¡Bien se conoce!

—Cuando le sigas tratando, conocerás...

—Que no tiene precio. En fin, basta que sea amigo de tu mamá y tuyo para que también lo sea mío –afirmó el joven–. ¿Y viene mucho acá?

—Toditos los días. Nos acompaña mucho –repuso Rosarito con ingenuidad– ¡Qué bueno y qué amable es! ¡Y cómo me quiere!

—Vamos, ya me va gustando ese señor.

—Viene también por las noches a jugar al tresillo –añadió la joven–, porque a prima noche se reúnen aquí algunas personas, el juez de primera instancia, el promotor fiscal, el deán, el secretario del obispo, el alcalde, el recaudador de contribuciones, el sobrino de D. Inocencio...

—¡Ah! Jacintito, el abogado.

—Ese. Es un pobre muchacho más bueno que el pan. Su tío le adora.

Desde que vino de la Universidad, con su borla de doctor... porque es doctor de un par de facultades, y sacó nota de sobresaliente... ¿qué crees tú?, ¡vaya!... pues desde que vino, su tío le trae aquí con mucha frecuencia. Mamá también le quiere mucho... Es un muchacho muy formalito. Se retira temprano con su tío; no va nunca al Casino por las noches, no juega ni derrocha, y trabaja en el bufete de D. Lorenzo Ruiz, que es el primer abogado de Orbajosa. Dicen que Jacinto será un gran defendedor de pleitos.

—Su tío no exageraba al elogiarle –dijo Pepe–. Siento mucho haber dicho aquellas tonterías sobre los abogados... Querida prima, ¿no es verdad que estuve inconveniente?

—Calla, si a mí me parece que tienes mucha razón.

—¿Pero de veras, no estuve un poco...?

—Nada, nada.

—¡Qué peso me quitas de encima! La verdad es que me encontré, sin saber cómo, en una contradicción constante y penosa con ese venerable sacerdote. Lo siento mucho.

—Lo que yo creo –dijo Rosarito, clavando en él sus ojos llenos de expresión cariñosa– es que tú no eres para nosotros.

—¿Qué significa eso?

—No sé si me explico bien, primo. Quiero decir, que no es fácil te acostumbres a la conversación ni a las ideas de la gente de Orbajosa. Se me figura... es una suposición.

—¡Oh!, no: yo creo que te equivocas.

—Tú vienes de otra parte, de otro mundo, donde las personas son muy listas, muy sabias, y tienen unas maneras finas y un modo de hablar ingenioso, y una figura... Puede ser que no me explique bien. Quiero decir que estás habituado a vivir entre una sociedad escogida; sabes mucho... Aquí no hay lo que tú necesitas; aquí no hay gente sabia, ni grandes finuras. Todo es sencillez, Pepe. Se me figura que te aburrirás, que te aburrirás mucho y al fin tendrás que marcharte.

La tristeza que era normal en el semblante de Rosarito se mostró con tintas y rasgos tan notorios, que Pepe Rey sintió una emoción profunda.

—Estás en un error, querida prima. Ni yo traigo aquí la idea que supones, ni mi carácter ni mi entendimiento están en disonancia con los caracteres y las ideas de aquí. Pero vamos a suponer por un momento que lo estuvieran.

—Vamos a suponerlo...

—En ese caso tengo la firme convicción de que entre tú y yo, entre nosotros dos, querida Rosario, se establecerá una armonía perfecta. Sobre esto no puedo engañarme. El corazón me dice que no me engaño.

Rosarito se ruborizó; pero esforzándose en hacer huir su sonrojo con sonrisas y miradas dirigidas aquí y allí, dijo:

—No vengas ahora con artificios. Si lo dices porque yo he de encontrar siempre bien todo lo que piensas, tienes razón.

—Rosario —exclamó el joven—. Desde que te vi, mi alma se sintió llena de una alegría muy viva... he sentido al mismo tiempo un pesar, el pesar de no haber venido antes a Orbajosa.

—Eso sí que no lo he de creer —dijo ella, afectando jovialidad para encubrir medianamente su emoción—. ¿Tan pronto?... No vengas ahora con palabrotas... Mira, Pepe, yo soy una lugareña, yo no sé hablar más que cosas vulgares; yo no sé francés; yo no me visto con elegancia; yo apenas sé tocar el piano; yo...

—¡Oh, Rosario! —exclamó con ardor el joven—. Dudaba que fueses perfecta; ahora ya sé que lo eres.

Entró de súbito la madre. Rosarito que nada tenía que contestar a las últimas palabras de su primo, conoció, sin embargo, la necesidad de decir algo, y mirando a su madre, habló así:

—¡Ah!, se me había olvidado poner la comida al loro.

—No te ocupes de eso ahora. ¿Para qué os estáis ahí? Lleva a tu primo a dar un paseo por la huerta.

La señora se sonreía con bondad maternal, señalando a su sobrino la frondosa arboleda que tras los cristales aparecía.

—Vamos allá —dijo Pepe levantándose.

Rosarito se lanzó como un pájaro puesto en libertad hacia la vidriera.

—Pepe, que sabe tanto y ha de entender de árboles —afirmó doña Perfecta— te enseñará cómo se hacen los injertos. A ver qué opina él de esos peralitos que se van a trasplantar.

—Ven, ven —dijo Rosarito desde fuera.

Llamaba a su primo con impaciencia. Ambos desaparecieron entre el follaje. Doña Perfecta les vio alejarse, y después se ocupó del loro. Mientras le renovaba la comida, dijo en voz muy baja, con ademán pensativo:

—¡Qué despegado es! Ni siquiera le ha hecho una caricia al pobre animalito.

Luego en voz alta añadió, creyendo en la posibilidad de ser oída por su cuñado:

—Cayetano, ¿qué te parece el sobrino?... ¡Cayetano!

Sordo gruñido indicó que el anticuario volvía al conocimiento de este miserable mundo.

—Cayetano...

—Eso es... eso es... —murmuró con torpe voz el sabio— este caballerito sostendrá como todos la opinión errónea de que las estatuas de Mundogrande proceden de la primera inmigración fenicia. Yo le convenceré...

—Pero Cayetano...

—Pero Perfecta... ¡Bah! ¿También ahora sostendrás que he dormido?

—No, hombre, ¡qué he de sostener yo tal disparate!... ¿Pero no me dices qué te parece ese joven?

D. Cayetano se puso la palma de la mano ante la boca para bostezar más a gusto, y después entabló una larga conversación con la señora.

Los que nos han transmitido las noticias necesarias a la composición de esta historia, pasan por alto aquel diálogo, sin duda porque fue demasiado secreto. En cuanto a lo que hablaron el ingeniero y Rosarito en la huerta aquella tarde, parece evidente que no es digno de mención.

En la tarde del siguiente día ocurrieron sí cosas que no deben pasarse en silencio, por ser de la mayor gravedad. Hallábanse solos ambos primos a hora bastante avanzada de la tarde, después de haber discurrido por distintos parajes de la huerta, atentos el uno al otro y sin tener alma ni sentidos más que para verse y oírse.

—Pepe –decía Rosario–, todo lo que me has dicho es una fantasía, una cantinela, de esas que tan bien sabéis hacer los hombres de chispa. Tú piensas que como soy lugareña creo cuanto me dicen.

—Si me conocieras, como yo creo conocerte a ti, sabrías que jamás digo sino lo que siento. Pero dejémonos de sutilezas tontas y de argucias de amantes que no conducen sino a falsear los sentimientos. Yo no hablaré contigo más lenguaje que el de la verdad. ¿Eres acaso una señorita a quien he conocido en el paseo o en la tertulia y con la cual pienso pasar un rato divertido? No. Eres mi prima. Eres algo más... Rosario, pongamos de una vez las cosas en su verdadero lugar. Fuera rodeos. Yo he venido aquí a casarme contigo.

Rosario sintió que su rostro se abrasaba y que el corazón no le cabía en el pecho.

—Mira, querida prima –añadió el joven– te juro que si no me hubieras gustado, ya estaría lejos de aquí. Aunque la cortesía y la delicadeza me habrían obligado a hacer esfuerzos, no me hubiera sido fácil disimular mi desengaño. Yo soy así.

—Primo, casi acabas de llegar –dijo lacónicamente Rosarito, esforzándose en reír.

—Acabo de llegar y ya sé todo lo que tenía que saber; sé que te quiero, que eres la mujer que desde hace tiempo me está anunciando el corazón, diciéndome noche y día... "ya viene, ya está cerca; que te quemas".

Esta frase sirvió de pretexto a Rosario para soltar la risa que en sus labios retozaba. Su espíritu se desvanecía alborozado en una atmósfera de júbilo.

—Tú te empeñas en que no vales nada –continuó Pepe– y eres una maravilla. Tienes la cualidad admirable de estar a todas horas proyectando sobre cuanto te rodea la divina luz de tu alma. Desde que se te ve, desde que se te mira, los nobles sentimientos y la pureza de tu corazón se manifiestan. Viéndote se ve una vida celeste que por descuido de Dios está en la tierra; eres un ángel y yo te adoro como un tonto.

Al decir esto parecía haber desempeñado una grave misión. Rosarito viose de súbito dominada por tan viva sensibilidad, que la escasa energía de su cuerpo no pudo corresponder a la excitación de su espíritu, y desfalleciendo, dejose caer sobre una piedra que hacía las veces de asiento en aquellos amenos lugares. Pepe se inclinó hacia ella. Notó que cerraba los ojos, apoyando la frente en la palma de la mano. Poco después la hija de doña Perfecta Polentinos, dirigía a su primo, entre dulces lágrimas, una mirada tierna, seguida de estas palabras:

—Te quiero desde antes de conocerte.

Apoyadas sus manos en las del joven, se levantó y sus cuerpos desaparecieron entre las frondosas ramas de un paseo de adelfas. Caía la tarde y una dulce sombra se extendía por la parte baja de la huerta, mientras el último rayo del sol poniente coronaba de resplandores las cimas de los árboles. La ruidosa república de pajarillos armaba espantosa algarabía en las ramas superiores. Era la hora en que después de corretear por la alegre inmensidad de los cielos, iban todos a acostarse, y se disputaban unos a otros la rama que escogían por alcoba. Su charla parecía a veces recriminación y disputa, a veces burla y gracejo. Con su parlero trinar se decían aquellos tunantes las mayores insolencias, dándose de picotazos y agitando las alas, así como los oradores agitan los brazos cuando quieren hacer creer las mentiras que pronuncian. Pero también sonaban por allí palabras de amor; que a ello convidaban la apacible hora y el hermoso lugar. Un oído experto hubiera podido distinguir las siguientes:

—Desde antes de conocerte te quería, y si no hubieras venido me habría muerto de pena. Mamá me daba a leer las cartas de tu padre, y como en ellas hacía tantas alabanzas de ti, yo decía: "este debiera ser mi marido". Durante mucho tiempo, tu padre no habló de que tú y yo nos casáramos, lo cual me parecía un descuido muy grande. Yo no sabía qué pensar de semejante negligencia... Mi tío Cayetano, siempre que te nombraba decía: "Como ese hay pocos en el mundo. La mujer que le pesque, ya se puede tener por dichosa...". Por fin tu papá dijo lo que no podía menos de decir... Sí, no podía menos de decirlo: yo lo esperaba todos los días...

Poco después de estas palabras, la misma voz añadió con zozobra:

—Alguien viene tras de nosotros.

Saliendo de entre las adelfas, Pepe vio a dos personas que se acercaban, y tocando las hojas de un tierno arbolito que allí cerca había, dijo en alta voz a su compañera:

—No es conveniente aplicar la primera poda a los árboles jóvenes como este, hasta su completo arraigo. Los árboles recién plantados no tienen vigor para soportar dicha operación. Tú bien sabes que las raíces no pueden formarse sino por el influjo de las hojas, así es que si le quitas las hojas...

—¡Ah! Sr. D. José –exclamó el Penitenciario con franca risa, acercándo-

se a los dos jóvenes y haciéndoles una reverencia–. ¿Está Vd. dando lecciones de horticultura? *Insere nunc Melibœe piros*, *pone ordine vites*, que dijo el
gran cantor de los trabajos del campo. Injerta los perales, caro Melibeo, arre-
gla las parras... ¿Con que cómo estamos de salud, Sr. don José?

El ingeniero y el canónigo se dieron las manos. Luego este volviose y señalando a un jovenzuelo que tras él venía, dijo sonriendo:

—Tengo el gusto de presentar a Vd. a mi querido Jacintillo... una buena pieza... un tarambana, señor don José.

# – IX –

## La desavenencia sigue creciendo y amenaza convertirse en discordia

Junto a la negra sotana se destacó un sonrosado y fresco rostro. Jacintito saludó a nuestro joven, no sin cierto embarazo.

Era uno de esos chiquillos precoces a quienes la indulgente Universidad lanza antes de tiempo a las arduas luchas del mundo, haciéndoles creer que son hombres porque son doctores. Tenía Jacintito semblante agraciado y carilleno, con mejillas de rosa como una muchacha, y era rechoncho de cuerpo, de estatura pequeña tirando un poco a pequeñísima, y sin más pelo de barba que el suave bozo que lo anunciaba. Su edad excedía poco de los veinte años. Habíase educado desde la niñez bajo la dirección de su excelente y discreto tío, con lo cual dicho se está que el tierno arbolito no se torció al crecer. Una moral severa le mantenía constantemente derecho, y en el cumplimiento de sus deberes escolásticos apenas tenía pero[29]. Concluidos los estudios universitarios con aprovechamiento asombroso, pues no hubo clase en que no ganase las más eminentes notas, empezó a trabajar, prometiendo con su aplicación y buen tino para la abogacía perpetuar en el foro el lozano verdor de los laureles del aula.

A veces era travieso como un niño, a veces formal como un hombre. En verdad, en verdad que si a Jacintito no le gustaran un poco, y aun un mucho, las lindas muchachas, su buen tío le creería perfecto. No dejaba de sermonearle a todas horas, apresurándose a cortarle los audaces vuelos; pero ni aun esta inclinación mundana del jovenzuelo lograba enfriar el mucho amor que nuestro buen canónigo tenía al encantador retoño de su cara sobrina María Remedios. En tratándose [30] del abogadillo, todo cedía. Hasta las graves y rutinarias prácticas del buen sacerdote se alteraban siempre que se tratase de algún asunto referente a su precoz pupilo. Aquel método riguroso y fijo como un sistema planetario solía perder su equilibrio cuando Jacintito estaba enfermo o tenía que hacer un viaje. ¡Inútil celibato el de los clérigos! Si el Concilio de Trento les prohíbe tener hijos, Dios, no el Demonio, les da sobrinos

---

29  *Apenas tenía pero*: no había de qué acusarlo.
30  *En tratándose*: en lo referente a algo.

para que conozcan los dulces afanes de la paternidad.

Examinadas imparcialmente las cualidades de aquel aprovechado niño, era imposible desconocer su mérito. Su carácter era por lo común inclinado a la honradez, y las acciones nobles despertaban franca admiración en su alma. Respecto a sus dotes intelectuales y a su saber social, tenía todo lo necesario para ser con el tiempo una notabilidad de estas que tanto abundan en España; podía ser lo que a todas horas nos complacemos en llamar hiperbólicamente un *distinguido patricio*, o *un eminente hombre público*, especies que por su mucha abundancia apenas son apreciadas en su justo valor. En aquella tierna edad, en que el grado universitario sirve de soldadura entre la puericia y la virilidad, pocos jóvenes, mayormente si han sido mimados por sus maestros, están libres de una pedantería fastidiosa que, si les da gran prestigio junto al sillón de sus mamás, es muy risible entre hombres hechos y formales. Jacintito tenía este defecto, disculpable no sólo por sus pocos años, sino porque su buen tío fomentaba aquella vanidad pueril con imprudentes aplausos.

Luego que los cuatro se reunieron, continuaron paseando. Jacinto callaba. El canónigo, volviendo al interrumpido tema de los *pyros* que se habían de injertar y de las *vites* que se debían poner en orden, dijo:

—Ya sé que el Sr. D. José es un gran agrónomo.

—Nada de eso; no sé una palabra –repuso el joven, viendo con mucho disgusto aquella manía de suponerle instruido en todas las ciencias.

—¡Oh!, sí; un gran agrónomo –añadió el Penitenciario–; pero en asuntos de agronomía no me citen tratados novísimos. Para mí toda esa ciencia, Sr. de Rey, está condensada en lo que yo llamo la *Biblia del campo*, en las Geórgicas del inmortal latino. Todo es admirable, desde aquella gran sentencia *Nec vero terræ ferre omnes omnia possunt*, es decir, que no todas las tierras sirven para todos los árboles, Sr. D. José, hasta el minucioso tratado de las abejas, en que el poeta explana lo concerniente a estos doctos animalillos, y define al zángano diciendo:

> Ille horridus alter
> desidia, lactamque trahens inglorius alvum,

de figura horrible y perezosa, arrastrando el innoble vientre pesado, Sr. D. José...

—Hace Vd. bien en traducírmelo –dijo Pepe riendo–, porque entiendo muy poco el latín.

—¡Oh!, los hombres del día ¿para qué habían de entretenerse en estudiar antiguallas? –añadió el canónigo con ironía–. Además, en latín sólo han escrito los calzonazos como Virgilio, Cicerón y Tito Livio. Yo, sin embargo, estoy por lo contrario, y sea testigo mi sobrino, a quien he enseñado la sublime lengua. El tunante sabe más que yo. Lo malo es que con las lecturas modernas lo va olvidando, y el mejor día se encontrará que es un ignorante, sin sospecharlo. Porque, Sr. D. José, a mi sobrino le ha dado por entretenerse con libros novísimos y teorías extravagantes, y todo es Flammarion arriba y abajo, y nada más sino que las estrellas están llenas de gente. Vamos, se me figura que Vds. dos van a hacer buenas migas. Jacinto, ruégale a este caballero que te enseñe las matemáticas sublimes, que te instruya en lo concerniente a los filósofos alemanes, y ya eres un hombre.

El buen clérigo se reía de sus propias ocurrencias, mientras Jacinto, gozoso de ver la conversación en terreno tan de su gusto, se excusó con Pepe Rey, y de buenas a primeras le descargó esta pregunta:

—Dígame el Sr. D. José, ¿qué piensa Vd. del Darwinismo?

Sonrió nuestro joven al oír pedantería tan fuera de sazón, y de buena gana excitara al joven a seguir por aquella senda de infantil vanidad; pero creyendo más prudente no intimar mucho con el sobrino ni con el tío, contestó sencillamente:

—No puedo pensar nada de las doctrinas de Darwin, porque apenas las conozco. Los trabajos de mi profesión no me han permitido dedicarme a esos estudios.

—Ya —dijo el canónigo riendo—. Todo se reduce a que descendemos de los monos... Si lo dijera sólo por ciertas personas que yo conozco, tendría razón.

—La teoría de la selección natural —añadió enfáticamente Jacinto—, dicen que tiene muchos partidarios en Alemania.

—No lo dudo —dijo el clérigo—. En Alemania no debe sentirse que esa teoría sea verdadera, por lo que toca a Bismarck.

Doña Perfecta y el Sr. D. Cayetano aparecieron frente a los cuatro.

—¡Qué hermosa está la tarde! —dijo la señora—. Qué tal, sobrino, ¿te aburres mucho?...

—Nada de eso —repuso el joven.

—No me lo niegues. De eso veníamos hablando Cayetano y yo. Tú estás aburrido, y te empeñas en disimularlo. No todos los jóvenes de estos tiempos tienen la abnegación de pasar su juventud, como Jacinto, en un pueblo donde no hay Teatro Real, ni Bufos, ni bailarinas, ni filósofos, ni Ateneos, ni papeluchos, ni Congresos, ni otras diversiones y pasatiempos.

—Yo estoy aquí muy bien —repuso Pepe—. Ahora le estaba diciendo a Rosario que esta ciudad y esta casa me son tan agradables, que me gustaría vivir y morir aquí.

Rosario se puso muy encendida y los demás callaron. Sentáronse todos en una glorieta, apresurándose el sobrino del señor canónigo a ocupar el lugar a la izquierda de la señorita.

—Mira, sobrino, tengo que advertirte una cosa —dijo doña Perfecta, con aquella risueña expresión de bondad que emanaba de su alma, como de la flor el aroma–. Pero no vayas a creer que te reprendo, ni que te doy lecciones: tú no eres niño y fácilmente comprenderás mi idea.

—Ríñame Vd., querida tía; que sin duda lo mereceré –replicó Pepe, que ya empezaba a acostumbrarse a las bondades de la hermana de su padre.

—No, no es más que una advertencia. Estos señores verán cómo tengo razón.

Rosarito oía con toda su alma.

—Pues no es más –añadió la señora–, sino que cuando vuelvas a visitar nuestra hermosa catedral procures estar en ella con un poco más de recogimiento.

—Pues ¿qué he hecho yo?

—No extraño que tú mismo no conozcas tu falta –indicó la señora con aparente jovialidad–. Es natural; acostumbrado a entrar con la mayor desenvoltura en los ateneos, clubs, academias y congresos, crees que de la misma manera se puede entrar en un templo donde está la divina Majestad.

—Pero señora, dispénseme Vd. –dijo Pepe, con gravedad–. Yo he entrado en la catedral con la mayor compostura.

—Si no te riño, hombre, si no te riño. No lo tomes así, porque tendré que callarme. Señores, disculpen Vds. a mi sobrino. No es de extrañar un descuidillo, una distracción... ¿Cuántos años hace que no pones los pies en lugar sagrado?...

—Señora, yo juro a Vd... Pero en fin, mis ideas religiosas podrán ser lo que se quiera; pero acostumbro guardar la mayor compostura dentro de la iglesia.

—Lo que yo aseguro... vamos si te has de ofender no sigo... Lo que aseguro es que muchas personas lo advirtieron esta mañana. Notáronlo los señores de González, doña Robustiana, Serafinita, en fin... con decirte que llamaste la atención del señor obispo... Su Ilustrísima me dio las quejas esta tarde en casa de mis primas. Díjome que no te mandó plantar en la calle porque le dijeron que eras sobrino mío.

Rosario contemplaba con angustia el rostro de su primo, procurando adivinar sus contestaciones antes que las diera.

—Sin duda me han tomado por otro.

—No... no... fuiste tú... Pero no vayas a ofenderte que aquí estamos entre amigos y personas de confianza. Fuiste tú, yo misma te vi.

—¡Usted!

—Justamente. ¿Negarás que te pusiste a examinar las pinturas, pasando por un grupo de fieles que estaban oyendo misa?... Te juro que me distraje de tal modo con tus idas y venidas, que... Vamos... es preciso que no lo vuelvas a hacer. Luego entraste en la capilla de San Gregorio; alzaron en el altar mayor y ni siquiera te volviste para hacer una demostración de religiosidad.

Después atravesaste de largo a largo la iglesia, te acercaste al sepulcro del Adelantado, pusiste las manos sobre el altar; pasaste en seguida otra vez por entre el grupo de los fieles, llamando la atención. Todas las muchachas te miraban y tú parecías satisfecho de perturbar tan lindamente la devoción y ejemplaridad de aquella buena gente.

—¡Dios mío! ¡Todo lo que he hecho!... —exclamó Pepe, entre enojado y risueño—. Soy un monstruo y ni siquiera lo sospechaba.

—No, bien sé que eres un buen muchacho –dijo doña Perfecta, observando el semblante afectadamente serio e inmutable del canónigo, que parecía tener por cara una máscara de cartón–. Pero, hijo, de pensar las cosas a manifestarlas así con cierto desparpajo hay una distancia que el hombre prudente y comedido no debe salvar nunca. Bien sé que tus ideas son... no te enfades; si te enfadas me callo... Digo que una cosa es tener ideas religiosas y otra manifestarlas... Me guardaré muy bien de vituperarte porque creas que no nos crió Dios a su imagen y semejanza sino, que descendemos de los micos; ni porque niegues la existencia del alma, asegurando que esta es una droga como los papelillos de magnesia o de ruibarbo que se venden en la botica...

—Señora, por Dios... –exclamó Pepe con disgusto–. Veo que tengo muy mala reputación en Orbajosa.

Los demás seguían guardando silencio.

—Pues decía que no te vituperaré por esas ideas... Además de que no tengo derecho a ello, si me pusiera a disputar contigo, tú, con tu talentazo descomunal me confundirías mil veces... no, nada de eso. Lo que digo es que estos pobres y menguados habitantes de Orbajosa son piadosos y buenos cristianos, si bien ninguno de ellos sabe filosofía alemana, por lo tanto no debes despreciar públicamente sus creencias.

—Querida tía –dijo el ingeniero con gravedad–. Ni yo he despreciado las creencias de nadie, ni tengo las ideas que Vd. me atribuye. Quizás haya estado un poco irrespetuoso en la iglesia: soy algo distraído. Mi entendimiento y mi atención estaban fijos en la obra arquitectónica, y francamente no advertí... pero no era esto motivo para que el señor obispo intentase echarme a la calle, y Vd. me supusiera capaz de atribuir a un papelillo de la botica las funciones del alma. Puedo tolerar eso como broma, nada más que como broma.

Pepe Rey sentía en su espíritu excitación tan viva, que a pesar de su mucha prudencia y mesura no pudo disimularla.

—Vamos, veo que te has enfadado –dijo doña Perfecta, bajando los ojos y cruzando las manos–. ¡Todo sea por Dios! Si hubiera sabido que lo tomabas así, no te habría dicho una palabra. Pepe, te ruego que me perdones.

Al oír esto y al ver la actitud sumisa de su bondadosa tía, Pepe se sintió avergonzado de la dureza de sus anteriores palabras, y procuró serenarse. Sácole de su embarazosa situación el venerable Penitenciario, que sonriendo con su habitual benevolencia, habló de este modo:

—Señora doña Perfecta, es preciso tener tolerancia con los artistas... ¡oh!, yo he conocido muchos. Estos señores, como vean delante de sí una estatua, una armadura mohosa, un cuadro podrido o una pared vieja, se olvidan de todo. El Sr. D. José es artista, y ha visitado nuestra catedral, como la visitan los ingleses, los cuales de buena gana se llevarían a sus museos hasta la última baldosa de ella... Que estaban los fieles rezando; que el sacerdote alzó la sagrada hostia; que llegó el instante de la mayor piedad y recogimiento; pues bien... ¿qué le importa nada de esto a un artista? Es verdad que yo no sé lo que vale el arte, cuando se le disgrega de los sentimientos que expresa... pero en fin, hoy es costumbre adorar la forma, no la idea... Líbreme Dios de meterme a discutir este tema con el Sr. D. José, que sabe tanto, y argumentando con la primorosa sutileza de los modernos, confundiría al punto mi espíritu, en el cual no hay más que fe.

—El empeño de Vds. de considerarme como el hombre más sabio de la tierra, me mortifica bastante –dijo Pepe, recobrando la dureza de su acento–. Ténganme por tonto; que prefiero la fama de necio a poseer esa ciencia de Satanás que aquí me atribuyen.

Rosarito se echó a reír, y Jacinto creyó llegado el momento más oportuno para hacer ostentación de su erudita personalidad.

—El panteísmo o panenteísmo están condenados por la Iglesia, así como las doctrinas de Schopenhauer y del moderno Hartmann.

—Señores y señora –manifestó gravemente el canónigo–, los hombres que consagran culto tan fervoroso al arte, aunque sólo sea atendiendo a la forma, merecen el mayor respeto. Más vale ser artista y deleitarse ante la belleza, aunque sólo esté representada en las ninfas desnudas, que ser indiferente y descreído en todo. En espíritu que se consagra a la contemplación de la belleza no entrará completamente el mal. *Est Deus in nobis* [31]... *Deus*, entiéndase bien. Siga, pues, el Sr. D. José admirando los prodigios de nuestra iglesia; que por mi parte le perdonaré de buen grado las irreverencias, salva la opinión del señor prelado.

—Gracias, Sr. D. Inocencio –dijo Pepe, sintiendo en sí punzante y revoltoso el sentimiento de hostilidad hacia el astuto canónigo, y no pudiendo dominar el deseo de mortificarle–. Por lo demás, no crean Vds. que absorbían mi atención las bellezas artísticas de que suponen lleno el templo. Esas bellezas, fuera de la imponente arquitectura de una parte del edificio y de los tres sepulcros que hay en las capillas del ábside y de algunos entalles del coro, yo no las veo en ninguna parte. Lo que ocupaba mi entendimiento era la consideración de la deplorable decadencia de las artes religiosas, y no me causaban asombro, sino cólera, las innumerables monstruosidades artísticas de que está llena la catedral.

El estupor de los circunstantes fue extraordinario. –No puedo resistir

---

31   *Est Deus in nobis...*: es Dios en nosotros

—añadió Pepe—, aquellas imágenes charoladas y bermellonadas, tan semejantes perdóneme Dios la comparación, a las muñecas con que juegan las niñas grandecitas. ¿Qué puedo decir de los vestidos de teatro con que las cubren? Vi un San José con manto, cuya facha no quiero calificar por respeto al Santo Patriarca y a la Iglesia que le adora. En los altares se acumulan imágenes del más deplorable gusto artístico, y la multitud de coronas, ramos, estrellas, lunas y demás adornos de metal o papel dorado forman un aspecto de quincallería que ofende el sentimiento religioso y hace desmayar nuestro espíritu. Lejos de elevarse a la contemplación religiosa, se abate, y la idea de lo cómico le perturba. Las grandes obras del arte, dando formas sensibles a las ideas, a los dogmas, a la fe, a la exaltación mística, realizan misión muy noble. Los mamarrachos y las aberraciones del gusto, las obras grotescas con que una piedad mal entendida llena las iglesias, también cumplen su objeto; pero este es bastante triste: fomentan la superstición, enfrían el entusiasmo obligan a los ojos del creyente a apartarse de los altares, y con los ojos se apartan las almas que no tienen fe muy profunda ni muy segura.

—La doctrina de los iconoclastas— dijo Jacintito—, también parece que está muy extendida en Alemania.

—Yo no soy iconoclasta, aunque prefiero la destrucción de todas las imágenes, a esta exhibición de chocarrerías de que me ocupo —continuó el joven—. Al ver esto, es lícito defender que el culto debe recobrar la sencillez augusta de los antiguos tiempos; pero no: no se renuncie al auxilio admirable que las artes todas, empezando por la poesía y acabando por la música, prestan a las relaciones entre el hombre y Dios. Vivan las artes, despliéguese la mayor pompa en los ritos religiosos. Yo soy partidario de la pompa...

—Artista, artista y nada más que artista —exclamó el canónigo, moviendo la cabeza con expresión de lástima—. Buenas pinturas, buenas estatuas, bonita música... Gala de los sentidos, y el alma que se la lleve el Demonio.

—Y a propósito de música —dijo Pepe Rey, sin advertir el deplorable efecto que sus palabras producían en la madre y la hija—, figúrense ustedes qué dispuesto estaría mi espíritu a la contemplación religiosa al visitar la catedral, cuando de buenas a primeras y al llegar al ofertorio en la misa mayor, el señor organista tocó un pasaje de *La Traviatta*.

—En eso tiene razón el Sr. de Rey —dijo el abogadillo enfáticamente—. El señor organista tocó el otro día el brindis y el *wals* de la misma ópera y después un rondó de *La Gran Duquesa*.

—Pero cuando se me cayeron las alas del corazón —continuó el ingeniero implacablemente— fue cuando vi una imagen de la Virgen que parece estar en gran veneración, según la mucha gente que ante ella había y la multitud de velas que la alumbraban. La han vestido con ahuecado ropón de terciopelo bordado de oro, de tan extraña forma que supera a las modas más extravagantes del día. Desaparece su cara entre un follaje espeso, compuesto de mil suertes de encajes rizados con tenacillas, y la corona de media vara de alto rodeada de rayos de oro, es un disforme catafalco que le han armado sobre la cabeza. De la misma tela y con los mismos bordados son los pantalones del niño Jesús... No quiero seguir, porque la descripción de cómo están la madre y el hijo me llevaría quizás a cometer alguna irreverencia. No diré más, sino que me fue imposible tener la risa y que por breve rato contemplé la profanada imagen, exclamando: "¡Madre y señora mía, cómo te han puesto!".

Concluidas estas palabras, Pepe observó a sus oyentes, y aunque a causa de la sombra crepuscular no se distinguían bien los semblantes, creyó ver en alguno de ellos señales de amarga consternación.

—Pues, Sr. D. José –exclamó vivamente el canónigo, riendo y con expresión de triunfo–, esa imagen que a la filosofía y panteísmo de Vd. parece tan ridícula, es Nuestra Señora del Socorro, patrona y abogada de Orbajosa, cuyos habitantes la veneran de tal modo que serían capaces de arrastrar por las calles al que hablase mal de ella. Las crónicas y la historia, señor mío, están llenas de los milagros que ha hecho, y aún hoy día vemos constantemente pruebas irrecusables de su protección. Ha de saber Vd. también que su señora tía doña Perfecta, es camarera de la Santísima Virgen del Socorro, y que ese vestido que a Vd. le parece tan grotesco... pues... digo que ese vestido, tan grotesco a los impíos ojos de Vd. salió de esta casa, y que los pantalones del niño obra son juntamente de la maravillosa aguja y de la acendrada piedad de su prima de usted Rosarito, que nos está oyendo.

Pepe Rey se quedó bastante desconcertado. En el mismo instante levantose bruscamente doña Perfecta, y sin decir una palabra se dirigió hacia la casa, seguida por el señor Penitenciario. Levantáronse también los restantes. Disponíase el aturdido joven a pedir perdón a su prima por la irreverencia, cuando observó que Rosarito lloraba. Clavando en su primo una mirada de amistosa y dulce reprensión, exclamó:

—¡Pero qué cosas tienes!...

Oyose la voz de doña Perfecta que con alterado acento, gritaba:

—¡Rosario, Rosario!

Esta corrió hacia la casa.

# – X –

## *La existencia de la discordia es evidente*

Pepe Rey se encontraba turbado y confuso, furioso contra los demás y contra sí mismo, procurando indagar la causa de aquella pugna entablada a pesar suyo entre su pensamiento y el pensamiento de los amigos de su tía. Pensativo y triste, augurando discordias, permaneció breve rato sentado en el banco de la glorieta, con la barba apoyada en el pecho, fruncido el ceño, cruzadas las manos. Se creía solo.

De repente sintió una alegre voz que modulaba entre dientes el estribillo de una canción de zarzuela. Miró y vio a D. Jacinto en el rincón opuesto de la glorieta.

—¡Ah! Sr. de Rey –dijo de improviso el rapaz– no se lastiman impunemente los sentimientos religiosos de la inmensa mayoría de una nación... Si no considere Vd. lo que pasó en la primera revolución francesa...

Cuando Pepe oyó el zumbidillo de aquel insecto, su irritación creció. Sin embargo, no había odio en su alma contra el mozalbete doctor. Este le mortificaba como mortifican las moscas; pero nada más. Rey sintió la molestia que inspiran todos los seres importunos, y como quien ahuyenta un zángano, contestó de este modo:

—¿Qué tiene que ver la revolución francesa con el manto de la Virgen María?

Levantose para marchar hacia la casa; pero no había dado cuatro pasos, cuando oyó de nuevo el zumbar del mosquito que decía:

—Sr. D. José, tengo que hablar a Vd. de un asunto que le interesa mucho, y que puede traerle algún conflicto...

—¿Un asunto? –preguntó el joven retrocediendo–. Veamos qué es eso.

—Usted lo sospechará tal vez –dijo Jacinto, acercándose a Pepe, y sonriendo con expresión parecida a la de los hombres de negocios, cuando se ocupan de alguno muy grave–. Quiero hablar a Vd. del pleito...

—¿Qué pleito?... Amigo mío, yo no tengo pleitos. Vd., como buen abogado, sueña con litigios y ve papel sellado por todas partes.

—¿Pero cómo?... ¿No tiene V. noticia de su pleito? —preguntó con asombro el niño.

—¡De mi pleito!... Cabalmente, yo no tengo pleitos, ni los he tenido nunca.

—Pues si no tiene Vd. noticia, más me alegro de habérselo advertido para que se ponga en guardia... Sí, señor, Vd. pleiteará.

—Y ¿con quién?

—Con el tío Licurgo y otros colindantes del predio llamado los *Alamillos*.

Pepe Rey se quedó estupefacto.

—Sí, señor —añadió el abogadillo—. Hoy hemos celebrado el Sr. Licurgo y yo una larga conferencia. Como soy tan amigo de esta casa, no he querido dejar de advertírselo a Vd., para que si lo cree conveniente, se apresure a arreglarlo todo.

—Pero yo ¿qué tengo que arreglar? ¿Qué pretende de mí esa canalla?

—Parece que unas aguas que nacen en el predio de Vd. han variado de curso y caen sobre unos tejares del susodicho Licurgo y un molino de otro, ocasionando daños de consideración. Mi cliente... porque se ha empeñado en que le he de sacar de este mal paso... mi cliente, digo, pretende que usted restablezca el antiguo cauce de las aguas, para evitar nuevos desperfectos y que le indemnice de los perjuicios que por indolencia del propietario superior ha sufrido.

—¡Y el propietario superior soy yo!... Si entro en un litigio, ese será el primer fruto que en toda mi vida me han dado los célebres Alamillos, que fueron míos y que ahora, según entiendo, son de todo el mundo, porque lo mismo Licurgo que otros labradores de la comarca me han ido cercenando poco a poco, año tras año, pedazos de terreno, y costará mucho restablecer los linderos de mi propiedad.

—Esa es cuestión aparte.

—Esa no es cuestión aparte. Lo que hay —exclamó el ingeniero, sin poder contener su cólera— es que el verdadero pleito será el que yo entable contra tal gentuza, que se propone sin duda aburrirme y desesperarme para que abandone todo y les deje continuar en posesión de sus latrocinios. Veremos si hay abogados y jueces que apadrinen los torpes manejos de esos aldeanos legistas, que viven pleiteando y son la polilla de la propiedad ajena. Caballerito, doy a Vd. las gracias por haberme advertido los ruines propósitos de esos palurdos más malos que Caco. Con decirle a Vd. que ese mismo tejar y ese mismo molino en que Licurgo apoya sus derechos, son míos...

—Debe hacerse una revisión de los títulos de propiedad y ver si ha podido haber prescripción en esto —dijo Jacintito.

—¡Qué prescripción ni qué...! Esos infames no se reirán de mí. Supongo que la administración de justicia sea honrada y leal en la ciudad de Orbajosa...

—¡Oh, lo que es eso! —exclamó el letradillo con expresión de alabanza—. El juez es persona excelente. Viene aquí todas las noches... Pero es extraño que Vd. no tuviera noticias de las pretensiones del Sr. Licurgo. ¿No le han citado aún para el juicio de conciliación?

—No.

—Será mañana... En fin, yo siento mucho que el apresuramiento del señor Licurgo me haya privado del gusto y de la honra de defenderle a Vd.; pero cómo ha de ser... Licurgo se ha empeñado en que yo he de sacarle de penas. Estudiaré la materia con mayor detenimiento. Estas pícaras servidumbres son el gran escollo de la jurisprudencia.

Pepe entró en el comedor en un estado moral muy lamentable. Vio a doña Perfecta hablando con el Penitenciario, y a Rosarito sola, con los ojos fijos en la puerta. Esperaba sin duda a su primo.

—Ven acá, buena pieza —dijo la señora, sonriendo con muy poca espontaneidad—. Nos has insultado, gran ateo; pero te perdonamos. Ya sé que mi hija y yo somos dos palurdas incapaces de remontarnos a las regiones de las matemáticas donde tú vives; pero en fin... todavía es posible que algún día te pongas de rodillas ante nosotros, rogándonos que te enseñemos la doctrina.

Pepe contestó con frases vagas y fórmulas de cortesía y arrepentimiento.

—Por mi parte —dijo D. Inocencio, poniendo en los ojos expresión de modestia y dulzura—, si en el curso de estas vanas disputas he dicho algo que pueda ofender al Sr. D. José, le ruego que me perdone. Aquí todos somos amigos.

—Gracias. No vale la pena...

—A pesar de todo —indicó doña Perfecta, sonriendo ya con más naturalidad—, yo soy siempre la misma para mi querido sobrino, a pesar de sus ideas extravagantes y anti–religiosas... ¿De qué creerás que pienso ocuparme esta noche? Pues de quitarle de la cabeza al tío Licurgo esas terquedades con que te piensa molestar. Le he mandado venir y en la galería me está esperando. Descuida, que yo lo arreglaré, pues aunque conozco que no le falta razón...

—Gracias, muchas gracias, querida tía —repuso el joven, sintiéndose invadido por la onda de generosidad que tan fácilmente nacía en su alma.

Pepe Rey dirigió la vista hacia donde estaba su prima, con intención de unirse a ella; pero algunas preguntas sagaces del canónigo le retuvieron al lado de doña Perfecta. Rosario estaba triste, oyendo con indiferencia melancólica las palabras del abogadillo, que instalándose junto a ella había comenzado una retahíla de conceptos empalagosos, con importunos chistes sazonada, y fatuidades del peor gusto.

—Lo peor para ti —dijo doña Perfecta a su sobrino cuando le sorprendió observando la desacorde pareja que formaban Rosario y Jacinto—, es que has ofendido a la pobre Rosario. Debes hacer todo lo posible por desenojarla. ¡La pobrecita es tan buena!...

—¡Oh, sí, tan buena! —añadió el canónigo—, que no dudo perdonará a su primo.

—Creo que Rosario me ha perdonado ya –afirmó Rey.

—Y si no, en corazones angelicales no dura mucho el resentimiento –dijo D. Inocencio melifluamente–. Yo tengo algún ascendiente sobre esa niña, y procuraré disipar en su alma generosa toda prevención contra Vd. En cuanto yo le diga dos palabras...

Pepe Rey sintiendo que por su pensamiento pasaba una nube.

—Tal vez no sea preciso –dijo con intención.

—No le hablo ahora –añadió el capitular– porque está embelesada oyendo las tonterías de Jacintillo... ¡Demonches [32] de chicos! Cuando pegan la hebra [33], hay que dejarles.

De pronto se presentaron en la tertulia el juez de primera instancia, la señora del alcalde y el deán de la catedral. Todos saludaron al ingeniero, demostrando en sus palabras y actitudes que satisfacían, al verle, la más viva curiosidad. El juez era un mozalbete despabilado, de estos que todos los días aparecen en los criaderos de eminencias, aspirando recién empollados a los primeros puestos de la administración y de la política. Dábase no poca importancia, y hablando de sí mismo y de su juvenil toga, parecía manifestar enojo porque no le hubieran hecho de golpe y porrazo presidente del Tribunal Supremo. En aquellas manos inexpertas, en aquel cerebro henchido de viento, en aquella presunción ridícula, había puesto el Estado las funciones más delicadas y más difíciles de la humana justicia. Sus maneras eran de perfecto cortesano, y revelaba escrupuloso esmero en todo lo concerniente a su persona. Tenía la maldita maña de estarse quitando y poniendo a cada instante los lentes de oro, y en su conversación frecuentemente indicaba el empeño de ser trasladado pronto a *Madriz*, para prestar sus imprescindibles servicios en la secretaría de Gracia y Justicia.

La señora del alcalde era una dama bonachona, sin otra flaqueza que suponerse muy relacionada en la corte. Dirigió a Pepe Rey diversas preguntas sobre modas, citando establecimientos industriales donde le habían hecho una manteleta o una falda en su último viaje, coetáneo de la visita de Muley–Abbas, y también nombró a una docena de duquesas y marquesas, tratándolas con tanta familiaridad como a sus amiguitas de escuela. Dijo también que la condesa de M. (por sus tertulias famosa) era amiga suya y que el 60 estuvo a visitarla, y la condesa la convidó a su palco en el Real, donde vio a Muley–Abbas en traje de moro acompañado de toda su morería. La alcaldesa hablaba por los codos, como suele decirse, y no carecía de chiste.

El señor deán era un viejo de edad avanzada, corpulento y encendido, pletórico, apoplético; un hombre que se salía fuera de sí mismo por no caber en su propio pellejo, según estaba de gordo y morcilludo. Procedía de la exclaustración, no hablaba más que de asuntos religiosos, y desde el principio mostró hacia Pepe Rey el desdén más vivo.

32  *Demonches*: interjección que significa "demonios".
33  *Pegar la hebra*: trabar una conversación, prolongarla demasiado.

Este se mostraba cada vez más inepto para acomodarse a sociedad tan poco de su gusto. Era su carácter nada maleable, duro y de muy escasa flexibilidad, y rechazaba las perfidias y acomodamientos de lenguaje para simular la concordia cuando no existía. Mantúvose, pues, bastante grave durante el curso de la fastidiosa tertulia, obligado a resistir el ímpetu oratorio de la alcaldesa, que sin ser la Fama tenía el privilegio de fatigar con cien lenguas el oído humano. Si en el breve respiro que esta señora daba a sus oyentes, Pepe Rey quería acercarse a su prima, pegábasele el Penitenciario como el molusco a la roca, y llevándole aparte con ademán misterioso, le proponía un paseo a Mundogrande con el Sr. D. Cayetano o una partida de pesca en las claras aguas del Nahara.

Por fin esto concluyó, porque todo concluye en este mundo. Retirose el señor deán, dejando la casa vacía, y bien pronto no quedó de la señora alcaldesa más que un eco, semejante al zumbido que recuerda en la humana oreja el reciente paso de una tempestad. El juez privó también a la tertulia de su presencia, y por fin D. Inocencio dio a su sobrino la señal de partida.

—Vamos, niño, vámonos que es tarde –le dijo sonriendo–. ¡Cuánto has mareado a la pobre Rosarito!... ¿Verdad, niña? Anda, buena pieza [34], a casa pronto.

—Es hora de acostarse –dijo doña Perfecta.

—Hora de trabajar –repuso el abogadillo.

—Por más que le digo que despache los negocios de día –añadió el canónigo–, no hace caso.

—¡Son tantos los negocios... tantos!... ¡pero tantos!...

—No, di más bien que esa endiablada obra en que te has metido... Él no lo quiere decir, Sr. don José; pero sepa Vd. que se ha puesto a escribir una obra sobre *La influencia de la mujer en la sociedad cristiana* y además una *Ojeada sobre el movimiento católico en...* no sé dónde. ¿Qué entiendes tú de *ojeadas* ni de *influencias*?... Estos rapaces del día se atreven a todo. ¡Uf... qué chicos!... Con que vámonos a casa. Buenas noches, señora doña Perfecta... buenas noches, Sr. D.José... Rosarito...

—Yo esperaré al Sr. D. Cayetano –dijo Jacinto– para que me dé el *Augusto Nicolás.*

—¡Siempre cargando libros... hombre!... A veces entras en casa que pareces un burro. Pues bien, esperemos.

—El Sr. D. Jacinto –dijo Pepe Rey– no escribe a la ligera y se prepara bien para que sus obras sean un tesoro de erudición.

—Pero ese niño va a enfermar de la cabeza, Sr. D. Inocencio –objetó doña Perfecta–. Por Dios, mucho cuidado. Yo le pondría tasa en sus lecturas.

—Ya que esperamos –indicó el doctorcillo con notorio acento de presunción–, me llevaré también el tercer tomo de *Concilios.* ¿No le parece a Vd., tío?...

---

34  *Buena pieza*: se dice de alguien que no se comporta bien.

—Hombre, sí; no dejes eso de la mano. Pues no faltaba más.

Felizmente llegó pronto el Sr. D. Cayetano (que tertuliaba de ordinario en casa de D. Lorenzo Ruiz) y entregados los libros, marcháronse tío y sobrino.

Pepe Rey leyó en el triste semblante de su prima un deseo muy vivo de hablarle. Acercose a ella, mientras doña Perfecta y D. Cayetano trataban a solas de un negocio doméstico.

—Has ofendido a mamá –le dijo Rosario.

Sus facciones indicaban una especie de temor.

—Es verdad –repuso el joven–. He ofendido a tu mamá: te he ofendido a ti...

—No; a mí no. Ya se me figuraba a mí que el niño Jesús no debe gastar calzones.

—Pero espero que una y otra me perdonarán. Tu mamá me ha manifestado hace poco tanta bondad...

La voz de doña Perfecta vibró de súbito en el ámbito del comedor, con tan discorde acento, que el sobrino se estremeció cual si oyese un grito de alarma. La voz dijo imperiosamente:

—¡Rosario, vete a acostar!

Turbada y llena de congoja, la muchacha dio varias vueltas por la habitación, haciendo como que buscaba alguna cosa. Con todo disimulo pronunció al pasar por junto a su primo, estas vagas palabras:

—Mamá está enojada...

—Pero...

—Está enojada... no te fíes, no te fíes.

Y se marchó. Siguiole después doña Perfecta, a quien aguardaba el tío Licurgo, y durante un rato, las voces de la señora y del aldeano oyéronse confundidas en familiar conferencia. Quedose solo Pepe con D. Cayetano, el cual, tomando una luz, habló de este modo:

—Buenas noches, Pepe. No crea Vd. que voy a dormir, voy a trabajar... Pero ¿por qué está Vd. tan meditabundo? ¿Qué tiene Vd.?... Pues sí, a trabajar. Estoy sacando apuntes para un *Discurso–Memoria* sobre los *Linajes de Orbajosa*... He encontrado datos y noticias de grandísimo precio. No hay que darle vueltas. En todas las épocas de nuestra historia, los orbajosenses se han distinguido por su hidalguía, por su nobleza, por su valor, por su entendimiento. Díganlo sino la conquista de Méjico, las guerras del Emperador, las de Felipe contra herejes... ¿Pero está Vd. malo? ¿Qué le pasa a Vd.?... Pues sí, teólogos eminentes, bravos guerreros, conquistadores, santos, obispos, poetas, políticos, toda suerte de hombres esclarecidos florecieron en esta humilde tierra del ajo... No, no hay en la cristiandad pueblo más ilustre que el nuestro. Sus virtudes y sus glorias llenan toda la historia patria y aún sobra algo... Vamos, veo que lo que Vd. tiene es sueño: buenas noches... Pues sí, no cambiaría la gloria de ser hijo de esta noble tierra por todo el oro del mundo. *Augusta* llamáronla los antiguos, *augustísima* la llamo yo ahora, porque ahora, como entonces, la hidalguía, la generosidad, el valor, la nobleza son patrimonio de ella... Con que buenas noches, querido Pepe... se me figura que Vd. no está bueno. ¿Le ha hecho daño la cena?... Razón tiene Alonso González de Bustamante en su *Floresta amena* al decir que los habitantes de Orbajosa bastan por sí solos para dar grandeza y honor a un reino. ¿No lo cree Vd. así?

—¡Oh!, sí, señor, sin duda ninguna —repuso Pepe Rey, dirigiéndose bruscamente a su cuarto.

# – XI –

## *La discordia crece*

En los días sucesivos, Rey hizo conocimiento con varias personas de la población y visitó el Casino, trabando amistades con algunos individuos de los que pasaban la vida en las salas de aquella corporación.

Pero la juventud de Orbajosa no vivía constantemente allí, como podrá suponer la malevolencia. Veíanse por las tardes en la esquina de la catedral y en la plazoleta formada por el cruce de las calles del Condestable y la Tripería, algunos caballeros que gallardamente envueltos en sus capas, estaban como de centinela viendo pasar la gente. Si el tiempo era bueno, aquellas eminentes lumbreras de la cultura *urbsaugustense* se dirigían, siempre con la indispensable capita, al titulado paseo de las Descalzas, el cual se componía de dos hileras de tísicos olmos y algunas retamas descoloridas. Allí la brillante pléyade atisbaba a las niñas de D. Fulano o de don Perencejo, que también habían ido a paseo, y la tarde se pasaba regularmente. Entrada la noche, el Casino se llenaba de nuevo, y mientras una parte de los socios entregaba su alto entendimiento a las delicias del monte, los otros leían periódicos, y los más discutían en la sala del café sobre asuntos de diversa índole, como política, caballos, toros o bien sobre chismes locales. El resumen de todos los debates era siempre la supremacía de Orbajosa y de sus habitantes sobre los demás pueblos y gentes de la tierra.

Eran aquellos varones insignes lo más granado de la ilustre ciudad, propietarios ricos los unos, pobrísimos los otros; pero libres de altas aspiraciones todos. Tenían la imperturbable serenidad del mendigo, que nada apetece mientras no le falta un mendrugo para engañar al hambre y el sol para calentarse. Lo que principalmente distinguía a los orbajosenses del Casino era un sentimiento de viva hostilidad hacia todo lo que de fuera viniese. Y siempre que algún forastero de viso [35] se presentaba en las augustas salas, creíanle venido a poner en duda la superioridad de la patria del ajo, o a disputarle por envidia las preeminencias incontrovertibles que Natura le concediera.

35  *De viso*: se dice de una persona conspicua, importante.

Cuando Pepe Rey se presentó, recibiéronle con cierto recelo, y como en el Casino abundaba la gente graciosa, al cuarto de hora de estar allí el nuevo socio, ya se habían dicho acerca de él toda suerte de cuchufletas. Cuando a las reiteradas preguntas de los socios contestó que había venido a Orbajosa con encargo de explorar la cuenca hullera del Nahara y estudiar un camino, todos convinieron en que el Sr. D. José era un fatuo que quería darse tono inventando criaderos de carbón y vías férreas. Alguno añadió:

—Pero en buena parte se ha metido. Estos señores sabios creen que aquí somos tontos y que se nos engaña con palabrotas... Ha venido a casarse con la niña de doña Perfecta, y cuanto diga de cuencas hulleras es para echar facha[36].

—Pues esta mañana —indicó otro, que era un comerciante quebrado— me dijeron en casa de las de Domínguez que ese señor no tiene una peseta, y viene a que doña Perfecta le mantenga y a ver si puede pescar a Rosarito.

—Parece que ni es tal ingeniero, ni cosa que lo valga —añadió un propietario de olivos, que tenía empeñadas sus fincas por el doble de lo que valían—. Pero ya se ve... Estos hambrientos de Madrid se creen autorizados para engañar a los pobres provincianos, y como creen que aquí andamos con taparrabo, amigo...

—Bien se le conoce que tiene hambre.

—Pues entre bromas y veras nos dijo anoche que somos unos bárbaros holgazanes.

—Que vivimos como los beduinos, tomando el sol.

—Que vivíamos con la imaginación.

—Eso es: que vivimos con la imaginación.

—Y que esta ciudad era lo mismito que las de Marruecos.

—Hombre: no hay paciencia para oír eso. ¿Dónde habrá visto él (como no sea en París) una calle semejante a la del Condestable, que presenta un frente de siete casas alineadas, todas magníficas, desde la de doña Perfecta a la de Nicolasito Hernández?... Se figuran estos canallas que uno no ha visto nada, ni ha estado en París...

—También dijo con mucha delicadeza que Orbajosa era un pueblo de mendigos, y dio a entender que aquí vivimos en la mayor miseria sin darnos cuenta de ello.

—¡Válgame Dios!, si me lo llega a decir a mí, hay un escándalo en el Casino —exclamó el recaudador de contribuciones—. ¿Por qué no le dijeron la cantidad de arrobas de aceite que produjo Orbajosa el año pasado? ¿No sabe ese estúpido que en años buenos Orbajosa da pan para toda España y aun para toda Europa? Verdad es que ya llevamos no sé cuántos años de mala cosecha; pero eso no es ley. ¿Pues y la cosecha del ajo? ¿A que no sabe ese señor que los ajos de Orbajosa dejaron bizcos a los señores del jurado en la exposición de Londres?

Estos y otros diálogos se oían en las salas del Casino por aquellos días. A

---

36 *Echar facha*: disimular.

pesar de estas hablillas tan comunes en los pueblos pequeños, que por lo mismo que son enanos suelen ser soberbios, Rey no dejó de encontrar amigos sinceros en la docta corporación, pues ni todos eran maldicientes ni faltaban allí personas de buen sentido. Pero tenía nuestro joven la desgracia, si desgracia puede llamarse, de manifestar sus impresiones con inusitada franqueza, y esto le atrajo algunas antipatías.

Iban pasando días. Además del disgusto natural que las costumbres de la ciudad episcopal le producían, diversas causas todas desagradables empezaban a desarrollar en su ánimo honda tristeza, siendo de notar principalmente, entre aquellas causas, la turba de pleiteantes que cual enjambre voraz se arrojó sobre él.

No era sólo el tío Licurgo, sino otros muchos colindantes los que le reclamaban daños y perjuicios, o bien le pedían cuentas de tierras administradas por su abuelo. También le presentaron una demanda por no sé qué contrato de aparcería que celebró su madre y no fue al parecer cumplido, y asimismo le exigieron el reconocimiento de una hipoteca sobre las tierras de *Alamillos*, hecha en extraño documento por su tío. Era un hormiguero una inmunda gusanera de pleitos. Había hecho propósito de renunciar a la propiedad de sus fincas; pero entre tanto su dignidad le obligaba a no ceder ante las marrullerías de los sagaces palurdos; y como el Ayuntamiento le reclamó también por supuesta confusión de su finca con un inmediato monte de Propios, viose el desgraciado joven en el caso de tener que disipar las dudas que acerca de su derecho surgían a cada paso. Su honra estaba comprometida, y no había otro remedio que pleitear o morir.

Habíale prometido doña Perfecta en su magnanimidad ayudarle a salir de tan torpes líos por medio de un arreglo amistoso; pero pasaban días y los buenos oficios de la ejemplar señora no daban resultado alguno. Crecían los pleitos con la amenazadora presteza de una enfermedad fulminante. Pepe Rey pasaba largas horas del día en el juzgado dando declaraciones, contestando a preguntas y a repreguntas, y cuando se retiraba a su casa, fatigado y colérico, veía aparecer la afilada y grotesca carátula del escribano, que le traía regular porción de papel sellado lleno de horribles fórmulas... para que fuese estudiando la cuestión.

Se comprende que aquel no era hombre a propósito para sufrir tales reveses, pudiendo evitarlos con la ausencia. Representábase en su imaginación a la noble ciudad de su madre como una horrible bestia que en él clavaba sus feroces uñas y le bebía la sangre. Para librarse de ella bastábale, según su creencia, la fuga; pero un interés profundo, como interés del corazón, le detenía, atándole a la peña de su martirio con lazos muy fuertes. Sin embargo, llegó a sentirse tan fuera de su centro, llegó a verse tan extranjero, digámoslo así, en aquella tenebrosa ciudad de pleitos, de antiguallas, de envidia y de maledicencia, que hizo propósito de abandonarla sin dilación, insistiendo al mismo tiempo en el proyecto que a ella le condujera. Una mañana, encontrando ocasión a propósito, formuló su plan ante doña Perfecta.

—Sobrino mío –repuso esta con su acostumbrada dulzura–: no seas arrebatado. Vaya, que pareces de fuego. Lo mismo era tu padre ¡qué hombre! Eres una centella... Ya te he dicho que con muchísimo gusto te llamaré hijo mío. Aunque no tuvieras las buenas cualidades y el talento que te distinguen (salvo los defectillos, que también los hay); aunque no fueras un excelente joven, basta que esta unión haya sido propuesta por tu padre, a quien tanto debe mi hija y yo, para que la acepte. Rosario no se opondrá tampoco, queriéndolo yo. ¿Qué falta, pues? Nada; no falta nada más que un poco tiempo. No se puede hacer el casamiento con la precipitación que tú deseas, y que daría lugar a interpretaciones, quizás desfavorables a la honra de mi querida hija... Vaya, que tú como no piensas más que en máquinas, todo lo quieres hacer al vapor. Espera, hombre, espera... ¿qué prisa tienes? Ese aborrecimiento que le has cogido a nuestra pobre Orbajosa es un capricho. Ya se ve: no puedes vivir sino entre condes y marqueses y oradores y diplomáticos... ¡Quieres casarte y separarme de mi hija para siempre! –añadió enjugándose una lágrima–. Ya que así es, inconsiderado joven, ten al menos la caridad de retardar algún tiempo esa boda que tanto deseas... ¡Qué impaciencia! ¡Qué amor tan fuerte! No creí que una pobre lugareña como mi hija inspirase pasiones tan volcánicas.

No convencieron a Pepe Rey los razonamientos de su tía; pero no quiso contrariarla. Resolvió, pues, esperar cuanto le fuese posible. Una nueva causa de disgustos uniose bien pronto a los que ya amargaban su existencia. Hacía dos semanas que estaba en Orbajosa, y durante este tiempo no había recibido ninguna carta de su padre. No podía achacar esto a descuidos de la administración de correos de Orbajosa, porque siendo el funcionario encargado de aquel servicio amigo y protegido de doña Perfecta, esta le recomendaba diariamente el mayor cuidado para que las cartas dirigidas a su sobrino no se extraviasen. También iba a la casa el conductor de la correspondencia, llamado Cristóbal Ramos, por apodo Caballuco, personaje a quien ya conocimos, y a este solía dirigir doña Perfecta amonestaciones y reprimendas tan enérgicas como la siguiente:

—¡Bonito servicio de correos tenéis!... ¿Cómo es que mi sobrino no ha recibido una sola carta desde que está en Orbajosa?... Cuando la conducción de la correspondencia corre a cargo de semejante tarambana, ¡cómo han de andar las cosas! Yo le hablaré al señor Gobernador de la provincia para que mire bien qué clase de gente pone en la administración.

Caballuco alzando los hombros, miraba a Rey con expresión de la más completa indiferencia. Un día entró con un pliego en la mano.

—¡Gracias a Dios! –dijo doña Perfecta a su sobrino–. Ahí tienes cartas de tu padre. Regocíjate, hombre. Buen susto nos hemos llevado por la pere-

za de mi señor hermano en escribir... ¿Qué dice?, está bueno sin duda –añadió al ver que Pepe Rey abría el pliego con febril impaciencia.

El ingeniero se puso pálido al recorrer las primeras líneas.

—¡Jesús, Pepe... qué tienes! –exclamó la señora, levantándose con zozobra–. ¿Está malo tu papá?

—Esta carta no es de mi padre –repuso Pepe, revelando en su semblante la mayor consternación.

—¿Pues qué es eso?...

—Una orden del ministerio de Fomento, en que se me releva del cargo
que me confiaron...

—¡Cómo... es posible!

—Una destitución pura y simple, redactada en términos muy poco lison-
jeros para mí.

—¿Hase visto mayor picardía? –exclamó la señora, volviendo de su estupor.

—¡Qué humillación! –murmuró el joven–. Es la primera vez en mi vida que recibo un desaire semejante.

—¡Pero ese Gobierno no tiene perdón de Dios! ¡Desairarte a ti! ¿Quieres que yo escriba a Madrid? Tengo allá buenas relaciones y podré conseguir
que el Gobierno repare esa falta brutal y te dé una satisfacción.

—Gracias, señora, no quiero recomendaciones –replicó el joven con displicencia.

—¡Es que se ven unas injusticias; unos atropellos!... ¡Destituir así a un
joven de tanto mérito, a una eminencia científica...! Vamos; si no puedo contener la cólera.

—Yo averiguaré –dijo Pepe, con la mayor energía– quién se ocupa de
hacerme daño...

—Ese señor ministro... Pero de estos politiquejos infames ¿qué se puede esperarse?

—En Orbajosa hay alguien que se ha propuesto hacerme morir de desesperación –afirmó el joven visiblemente alterado–. Esto no es obra del ministro, esta y otras contrariedades que experimento son resultado de un plan
de venganza, de un cálculo desconocido, de una enemistad irreconciliable; y
este plan, este cálculo, esta enemistad, no lo dude Vd., querida tía, están aquí,
están en Orbajosa.

—Tú te has vuelto loco –replicó doña Perfecta, demostrando un sentimiento semejante a la compasión–. ¿Que tienes enemigos en Orbajosa? ¿Que
alguien quiere vengarse de ti? Vamos, Pepe, tú has perdido el juicio. Las lecturas de esos libros en que se dice que tenemos por abuelos a los monos o a
las cotorras, te han trastornado la cabeza.

Sonrió con dulzura al decir la última frase, y después, tomando un tono
de familiar y cariñosa amonestación, añadió:

—Hijo mío, los habitantes de Orbajosa seremos palurdos y toscos labriegos sin instrucción, sin finura ni buen tono; pero a lealtad y buena fe no nos gana nadie, nadie, pero nadie.

—No crea Vd. –dijo Pepe– que acuso a las personas de esta casa. Pero sostengo que en la ciudad está mi implacable y fiero enemigo.

—Deseo que me enseñes ese traidor de melodrama –repuso la señora, sonriendo de nuevo–. Supongo que no acusarás a Licurgo ni a los demás que te han puesto pleito, porque los pobrecitos creen defender su derecho. Y entre paréntesis, no les falta razón en el caso presente. Además el tío Lucas te quiere mucho. Así mismo me lo ha dicho. Desde que te conoció, dice que le entraste por el ojo derecho, y el pobre viejo te ha puesto un cariño...

—¡Sí... profundo cariño! –murmuró el joven.

—No seas tonto –añadió la señora, poniéndole la mano en el hombro y mirándole de cerca–. No pienses disparates y convéncete de que tu enemigo, si existe, está en Madrid, en aquel centro de corrupción, de envidia y rivalidades, no en este pacífico y sosegado rincón, donde todo es buena voluntad y concordia... Sin duda algún envidioso de tu mérito... Te advierto una cosa, y es, que si quieres ir allá para averiguar la causa de este desaire y pedir explicaciones al Gobierno, no dejes de hacerlo por nosotras.

Pepe Rey fijó los ojos en el semblante de su tía, cual si quisiera escudriñarla hasta en lo más escondido de su alma.

—Digo que si quieres ir, no dejes de hacerlo –repitió la señora con calma admirable, confundiéndose en la expresión de su semblante la naturalidad con la honradez más pura.

—No, señora –repitió Pepe–. No pienso ir allá.

—Mejor; esa es también mi opinión. Aquí estás más tranquilo, a pesar de las cavilaciones con que te estás atormentando. ¡Pobre Pepillo! Tu entendimiento, tu descomunal entendimiento, es la causa de tu desgracia. Nosotros, los de Orbajosa, pobres aldeanos rústicos, vivimos felices en nuestra ignorancia. Yo siento mucho que no estés contento. ¿Pero es culpa mía que te aburras y desesperes sin motivo? ¿No te trato como a un hijo? ¿No te he recibido como la esperanza de mi casa? ¿Puedo hacer más por ti? Si a pesar de eso, no nos quieres, si nos muestras tanto despego, si te burlas de nuestra religiosidad, si haces desprecios a nuestros amigos, ¿es acaso porque no te tratemos bien?

Los ojos de doña Perfecta se humedecieron.

—Querida tía –dijo Rey, sintiendo que se disipaba su encono–. También yo he cometido algunas faltas desde que soy huésped de esta casa.

—No seas tonto... ¡Qué faltas ni faltas! Entre personas de la misma familia todo se perdona.

—Pero Rosario ¿dónde está? –preguntó el joven levantándose–. ¿Tampoco la veré hoy?

—Está mejor. ¿Sabes que no ha querido bajar?

—Subiré yo.

—Hombre, no. Esa niña tiene unas terquedades... Hoy se ha empeñado en no salir de su cuarto. Se ha encerrado por dentro.

—¡Qué rareza!

—Se le pasará. Seguramente se le pasará. Veremos si esta noche le quitamos de la cabeza sus ideas melancólicas. Organizaremos una tertulia que la divierta. ¿Por qué no te vas a casa del Sr. D. Inocencio y le dices que venga por acá esta noche y que traiga a Jacintillo?

—¡A Jacintillo!

—Sí, cuando a Rosario le dan estos accesos de melancolía, ese jovencito es el único que la distrae.

—Pero yo subiré...

—Hombre, no.

—Cuidado que hay etiquetas en esta casa.

—Tú te estás burlando de nosotros. Haz lo que te digo.

—Pues quiero verla.

—Pues no. ¡Qué mal conoces a la niña!

—Yo creí conocerla bien... Bueno, me quedaré... Pero esta soledad es horrible.

—Ahí tienes al señor escribano.

—Maldito sea él mil veces.

—Y me parece que ha entrado también el señor procurador... es un excelente sujeto.

—Así le ahorcaran.

—Hombre, los asuntos de intereses, cuando son propios, sirven de distracción. Alguien llega... Me parece que es el perito agrónomo. Ya tienes para un rato.

—¡Para un rato de infierno!

—Hola, hola, si no me engaño el tío Licurgo y el tío Paso–Largo acaban de entrar. Puede que vengan a proponerte un arreglo.

—Me arrojaré al estanque.

—¡Qué descastado eres! ¡Pues todos ellos te quieren tanto!... Vamos, para que nada falte, ahí está también el alguacil. Viene a citarte.

—A crucificarme.

Todos los personajes nombrados fueron entrando en la sala.

—Adiós, Pepe, que te diviertas –dijo doña Perfecta.

—¡Trágame, tierra! –exclamó el joven con desesperación.

—Sr. D. José...

—Mi querido Sr. D. José...

—Estimable Sr. D. José...

—Sr. D. José de mi alma...

—Mi respetable amigo Sr. D. José...

Al oír estas almibaradas insinuaciones, Pepe Rey exhaló un hondo suspiro y se entregó. Entregó su cuerpo y su alma a los sayones, que esgrimieron horribles hojas de papel sellado, mientras la víctima, elevando los ojos al cielo, decía para sí con cristiana mansedumbre:

—Padre mío, ¿por qué me has abandonado?

# – XII –

## *Aquí fue Troya*

Amor, amistad, aire sano para la respiración moral, luz para el alma simpatía, fácil comercio de ideas y de sensaciones era lo que Pepe Rey necesitaba de una manera imperiosa. No teniéndolo, aumentaban las sombras que envolvían su espíritu, y la lobreguez interior daba a su trato displicencia y amargura. Al día siguiente de las escenas referidas en el capítulo anterior, mortificole más que nada el ya demasiado largo y misterioso encierro de su prima, motivado, al parecer, primero por una enfermedad sin importancia, después por caprichos y nerviosidades de difícil explicación.

Rey extrañaba conducta tan contraria a la idea que había formado de Rosarito. Habían transcurrido cuatro días sin verla, no ciertamente porque a él le faltasen deseos de estar a su lado; y tal situación comenzaba a ser desairada y ridícula, si con un acto de firme iniciativa no ponía remedio en ello.

—¿Tampoco hoy veré a mi prima? –preguntó de mal talante a su tía, cuando concluyeron de comer.

—Tampoco. ¡Sabe Dios cuánto lo siento!... Bastante le he predicado hoy. A la tarde veremos...

La sospecha de que en tan injustificado encierro su adorable prima era más bien víctima sin defensa, que autora resuelta con actividad propia e iniciativa, le indujo a contenerse y esperar. Sin esta sospecha, hubiera partido aquel mismo día. No tenía duda alguna de ser amado por Rosario mas era evidente que una presión desconocida actuaba entre los dos para separarlos, y parecía propio de un varón honrado averiguar de quién procedía aquella fuerza maligna, y contrarrestarla hasta donde alcanzara la voluntad humana.

—Espero que la obstinación de Rosario no durará mucho –dijo a doña Perfecta, disimulando sus verdaderos sentimientos.

Aquel día tuvo una carta de su padre, en la cual este se quejaba de no haber recibido ninguna de Orbajosa, circunstancia que aumentó las inquietudes del ingeniero, confundiéndole más. Por último, después de vagar largo rato solo por la huerta de la casa, salió y fue al Casino. Entró en él, como un desesperado que se arroja al mar.

Encontró en las principales salas a varias personas que charlaban y discutían. En un grupo desentrañaban con lógica sutil difíciles problemas de toros; en otro disertaban sobre cuáles eran los mejores burros entre las castas de Orbajosa y Villahorrenda. Hastiado hasta lo sumo, Pepe Rey abandonó estos debates y se dirigió a la sala de periódicos, donde hojeó varias revistas sin encontrar deleite en la lectura; y poco después, pasando de sala en sala, fue a parar sin saber cómo a la del juego. Cerca de dos horas estuvo en las garras del horrible demonio amarillo, cuyos resplandecientes ojos de oro producen tormento y fascinación. Ni aun las emociones del juego alteraron el sombrío estado de su alma, y el tedio que antes le empujara hacia el verde tapete, apartole también de él. Huyendo del bullicio, dio con su cuerpo en una estancia destinada a tertulia, en la cual a la sazón no había alma viviente, y con indolencia se sentó junto a la ventana de ella, mirando a la calle.

Era esta angostísima y con más ángulos y recodos que casas, sombreada toda por la pavorosa catedral, que al extremo alzaba su negro muro carcomido. Pepe Rey miró a todos lados, arriba y abajo, y observó un plácido silencio de sepulcro: ni un paso, ni una voz, ni una mirada. De pronto hirieron su oído rumores extraños, como cuchicheos de femeninos labios y después el chirrido de cortinajes que se corrían, algunas palabras, y por fin el tararear suave de una canción, el ladrido de un falderillo, y otras señales de existencia social, que parecían muy singulares en tal sitio. Observando bien, Pepe Rey vio que tales rumores procedían de un enorme balcón con celosías, que frente por frente a la ventana mostraba su corpulenta fábrica. No había concluido sus observaciones cuando un socio del Casino apareció de súbito a su lado, y riendo le interpeló de este modo:

—¡Ah! Sr. D. Pepe, ¡picarón!, ¿se ha encerrado usted aquí para hacer cocos a las niñas?

El que esto decía era D. Juan Tafetán, un sujeto amabilísimo, y de los pocos que habían manifestado a Rey en el Casino cordial amistad y verdadera admiración. Con su carilla bermellonada, su bigotejo teñido de negro, sus ojuelos vivarachos, su estatura mezquina, su pelo con gran estudio peinado para ocultar la calvicie, D. Juan Tafetán presentaba una figura bastante diferente de la de Antínóo; pero era muy simpático; tenía mucho gracejo, y felicísimo ingenio para contar aventuras graciosas. Reía mucho, y al hacerlo su cara se cubría toda, desde la frente a la barba, de grotescas arrugas. A pesar de estas cualidades y del aplauso que debía estimular su disposición a las picantes burlas, no era maldiciente. Queríanle todos, y Pepe Rey pasaba con él ratos agradables. El pobre Tafetán, empleado antaño en la administración civil de la capital de la provincia, vivía modestamente de su sueldo en la secretaría de Beneficencia, y completaba su pasar tocando gallardamente el clarinete en las procesiones, en las solemnidades de la catedral y en el teatro, cuando alguna traílla de desesperados cómicos aparecía por aquellos países con el alevoso propósito de dar funciones en Orbajosa.

Pero lo más singular en D. Juan Tafetán era su afición a las muchachas guapas. Él mismo, cuando no ocultaba su calvicie con seis pelos llenos de pomada, cuando no se teñía el bigote, cuando andaba derechito y espigado por la poca pesadumbre de los años, había sido un Tenorio formidable. Oírle contar sus conquistas era cosa de morirse de risa, porque hay Tenorios de Tenorios y aquel fue de los más originales.

—¿Qué niñas? Yo no veo niñas en ninguna parte —repuso Pepe Rey.

—Hágase Vd. el anacoreta.

Una de las celosías del balcón se abrió, dejando ver un rostro juvenil encantador y risueño, que desapareció al instante, como una luz apagada por el viento.

—Ya, ya veo.

—¿No las conoce Vd.?

—Por mi vida que no.

—Son las Troyas, las niñas de Troya. Pues no conoce Vd. nada bueno... Tres chicas preciosísimas, hijas de un coronel de Estado Mayor de Plazas que murió en las calles de Madrid el 54.

La celosía se abrió de nuevo y comparecieron dos caras.

—Se están burlando de nosotros, Sr. D. Pepe —dijo Tafetán, haciendo una seña amistosa a las niñas.

—¿Las conoce Vd.?

—¿Pues no las he de conocer? Las pobres están en la miseria. Yo no sé cómo viven. Cuando murió D. Francisco Troya, se hizo una suscrición para mantenerlas; pero esto duró poco.

—¡Pobres muchachas! Me figuro que no serán un modelo de honradez...

—¿Por qué no?... Yo no creo lo que en el pueblo se dice de ellas.

Funcionó de nuevo la celosía.

—Buenas tardes, niñas —gritó D. Juan Tafetán, dirigiéndose a las tres, que artísticamente agrupadas aparecieron—. Este caballero dice que lo bueno no debe esconderse y que abran Vds. toda la celosía.

Pero la celosía se cerró y alegre concierto de risas difundió una extraña alegría por la triste calle. Creeríase que pasaba una bandada de pájaros.

—¿Quiere Vd. que vayamos allá? —dijo de súbito Tafetán.

Sus ojos brillaban, y una sonrisa picaresca retozaba en sus amoratados labios.

—¿Pero qué clase de gente es esa?

—Ande Vd. Sr. de Rey... Las pobrecitas son honradas. ¡Bah! Si se alimentan del aire como los camaleones. Diga Vd., el que no come ¿puede pecar? Bastante virtuosas son las infelices. Y si pecaran, limpiarían su conciencia con el gran ayuno que hacen.

—Pues vamos.

Un momento después, D. Juan Tafetán y Pepe Rey entraron en la sala. El aspecto de la miseria que con horribles esfuerzos pugnaba por no serlo, afligió al joven. Las tres muchachas eran muy lindas, principalmente las dos más pequeñas, morenas, pálidas, de negros ojos y sutil talle. Bien vestidas y bien calzadas, habrían parecido retoños de duquesa, en canditura para entroncar con príncipes.

Cuando la visita entró, las tres se quedaron muy cortadas; pero bien pronto mostraron la índole de su genial frívolo y alegre. Vivían en la miseria, como los pájaros en la prisión, sin dejar de cantar tras los hierros lo mismo que en la opulencia del bosque. Pasaban el día cosiendo, lo cual indicaba por lo menos, un principio de honradez; pero en Orbajosa, ninguna persona de suposición se trataba con ellas. Estaban, hasta cierto punto, proscritas, degradadas, acordonadas, lo cual, hasta cierto punto, indicaba también algún motivo de escándalo. Pero en honor de la verdad debe decirse que la mala reputación de las Troyas consistía, más que nada, en su fama de chismosas, enredadoras, traviesas y despreocupadas. Dirigían anónimos a graves personas ponían motes a todo viviente de Orbajosa, desde el obispo al último zascandil; tiraban piedrecitas a los transeúntes; chicheaban escondidas tras las rejas para reírse con la confusión y azoramiento del que pasaba; sabían todos los sucesos de la vecindad, para lo cual tenían en constante uso los tragaluces y agujeros todos de la parte alta de la casa; cantaban de noche en el balcón; se vestían de máscara en Carnaval para meterse en las casas más alcurniadas, con otras majaderías y libertades propias de los pueblos pequeños. Pero cualquiera que fuese la razón, ello es que el agraciado triunvirato Troyano, tenía sobre sí un estigma de esos que una vez puestos por susceptible vecindario, acompañan implacablemente hasta más allá de la tumba.

—¿Este es el caballero que dicen ha venido a sacar minas de oro? –dijo una.

—¿Y a derribar la catedral para hacer con las piedras de ella una fábrica de zapatos? –añadió otra.

—¿Y a quitar de Orbajosa la siembra del ajo para poner algodón o el árbol de la canela?

Pepe no pudo reprimir la risa ante tales despropósitos.

—No viene sino a hacer una recolección de niñas bonitas para llevárselas a Madrid –dijo Tafetán.

—¡Ay! ¡De buena gana me iría! –exclamó una.

—A las tres, a las tres me las llevo –afirmó Pepe–. Pero sepamos una cosa: ¿por qué se reían Vds. de mí cuando estaba en la ventana del Casino?

Tales palabras fueron la señal de nuevas risas.

—Estas son unas tontas –dijo la mayor de las tres–. Fue porque dijimos que Vd. se merece algo más que la niña de doña Perfecta.

—Fue porque esta dijo que Vd. está perdiendo el tiempo y que Rosarito no quiere sino gente de iglesia.

—¡Qué cosas tienes! Yo no he dicho tal cosa. Tú dijiste que este caballero es ateo luterano y entra en la catedral fumando y con el sombrero puesto.

—Pues yo no lo inventé –manifestó la menor– que eso me lo dijo ayer Suspiritos.

—¿Y quién es esa Suspiritos que dice de mí tales tonterías?

—Suspiritos es... Suspiritos.

—Niñas mías –dijo Tafetán con semblante almibarado–. Por ahí va el naranjero. Llamadle, que os quiero convidar a naranjas.

Una de las tres llamó al vendedor.

La conversación entablada por las niñas desagradó bastante a Pepe Rey, disipando la ligera impresión de contento entre aquella chusma alegre y comunicativa. No pudo, sin embargo, contener la risa cuando vio a D. Juan Tafetán descolgar un guitarrillo y rasguearlo con la gracia y destreza de los años juveniles.

—Me han dicho que Vds. saben cantar a las mil maravillas –manifestó Rey.

—Que cante D. Juan Tafetán.

—Yo no canto.

—Ni yo –dijo la segunda, ofreciendo al ingeniero algunos cascos de la naranja que acababa de mondar.

—María Juana, no abandones la costura –dijo la Troya mayor–. Es tarde y hay que acabar la sotana esta noche.

—Hoy no se trabaja. Al demonio las agujas –exclamó Tafetán.

En seguida entonó una canción.

—La gente se para en la calle –dijo la Troya segunda, asomándose al balcón–. Los gritos de don Juan Tafetán se oyen desde la plaza... ¡Juana, Juana!

—¿Qué?

—Por la calle va Suspiritos.

La más pequeña voló al balcón.

—Tírale una cáscara de naranja.

Pepe Rey se asomó también; vio que por la calle pasaba una señora, y que con diestra puntería la menor de las Troyas le asestó un cascarazo en el moño. Después cerraron con precipitación, y las tres se esforzaban en sofocar convulsamente su risa para que no se oyera desde la vía pública.

—Hoy no se trabaja –gritó una de ellas, volcando de un puntapié la cesta de la costura.

—Es lo mismo que decir "mañana no se come" –añadió la mayor, recogiendo los enseres.

Pepe Rey se echó instintivamente mano al bolsillo. De buena gana les hubiera dado una limosna. El espectáculo de aquellas infelices huérfanas, condenadas por el mundo a causa de su frivolidad, le entristecía sobremanera. Si el único pecado de las Troyas, si el único desahogo con que compensaban su soledad, su pobreza y abandono, era tirar cortezas de naranja al transeúnte, bien se las podía disculpar. Quizás las austeras costumbres del poblachón en que vivían las había preservado del vicio; pero las desgraciadas carecían de compostura y comedimiento, fórmula común y más visible del pudor, y bien podía suponerse que habían echado por la ventana algo más que cáscaras. Pepe Rey sentía hacia ellas una lástima profunda. Observó sus miserables vestidos, compuestos, arreglados y remendados de mil modos para que pareciesen nuevos, observó sus zapatos rotos... y otra vez se llevó la mano al bolsillo.

—Podrá el vicio reinar aquí –dijo para sí–; pero las fisonomías, los muebles, todo me indica que estos son los infelices restos de una familia honrada. Si estas pobres muchachas fueran tan malas como dicen, no vivirían tan pobremente ni trabajarían. En Orbajosa hay hombres ricos.

Las tres niñas se le acercaban sucesivamente. Iban de él al balcón, del balcón a él, sosteniendo conversación picante y ligera, que indicaba, fuerza es decirlo, una especie de inocencia en medio de tanta frivolidad y despreocupación.

—Sr. D. José, ¡qué excelente señora es doña Perfecta!

—Es la única persona de Orbajosa que no tiene apodo, la única persona de que no se habla mal en Orbajosa.

—Todos la respetan.

—Todos la adoran.

A estas frases, el joven respondía con alabanzas de su tía; pero se le pasaban ganas de sacar dinero del bolsillo y decir: "María Juana, tome Vd. para unas botas. Pepa, tome Vd. para que se compre un vestido. Florentina, tome Vd. para que coman una semana...". Estuvo a punto de hacerlo como lo pensaba.

En un momento en que las tres corrieron al balcón para ver quién pasaba, D. Juan Tafetán se acercó a él y en voz baja le dijo:

—¡Qué monas son! ¿No es verdad?... ¡Pobres criaturas! Parece mentira que sean tan alegres, cuando... bien puede asegurarse que hoy no han comido.

—D. Juan, D. Juan –gritó Pepilla–. Por ahí viene su amigo de Vd. Nicolasito Hernández, o sea *Cirio Pascual*, con su sombrero de tres pisos. Viene rezando en voz baja, sin duda por las almas de los que ha mandado al hoyo con sus usuras.

—¿A que no le dicen Vds. el remoquete?

—¿A que sí?

—Juana, cierra las celosías. Dejémosle que pase, y cuando vaya por la esquina, yo gritaré: ¡*Cirio, Cirio Pascual*!...

D. Juan Tafetán corrió al balcón.

—Venga, Vd. D. José, para que conozca este tipo.

Pepe Rey aprovechó el momento en que las tres muchachas y D. Juan se regocijaban en el balcón, llamando a Nicolasito Hernández con el apodo que tanto le hacía rabiar; y acercándose con toda cautela a uno de los costureros que en la sala había, colocó dentro de él media onza que le quedaba del juego.

Después corrió al balcón, a punto que las dos más pequeñas, gritaban entre locas risas: *"¡Cirio Pascual, Cirio Pascual!"*.

# – XIII –

## *Un casus belli*

Después de esta travesura, las tres entablaron con los caballeros una conversación tirada sobre asuntos y personas de la ciudad. El ingeniero, recelando que su fechoría se descubriese, estando él presente, quiso marcharse, lo cual disgustó mucho a las Troyas. Una de estas que había salido fuera de la sala, regresó diciendo:

—Ya está Suspiritos en campaña colgando la ropa.

—D. José querrá verla –indicó otra.

—Es una señora muy guapa. Y ahora se peina a estilo de Madrid. Vengan Vds., caballeros.

Lleváronles al comedor de la casa (pieza de rarísimo uso), del cual se salía a un terrado, donde había algunos tiestos de flores y no pocos trastos abandonados y hechos pedazos. Desde allí veíase el hondo patio de una casa colindante, con una galería llena de verdes enredaderas y hermosas macetas esmeradamente cuidadas. Todo indicaba allí una vivienda de gente modesta pulcra y hacendosa.

Las de Troya, acercándose al borde de la azotea miraron atentamente a la casa vecina, e imponiendo silencio a los galanes, se retiraron luego a aquella parte del terrado, desde donde nada se veía ni había peligro de ser visto.

—Ahora sale de la despensa con un cazuelo de garbanzos –dijo María Juana, estirando el cuello para ver un poco.

—¡Zas! –exclamó otra, arrojando una piedrecilla.

Oyose el ruido del proyectil al chocar contra los cristales de la galería, y luego una colérica voz que gritaba:

—Ya nos han roto otro cristal esas...

Ocultas las tres en el rincón del terrado, junto a los dos caballeros, sofocaban la risa.

—La señora Suspiritos está muy incomodada –dijo Pepe Rey–. ¿Por qué la llaman Vds. así?

—Porque siempre que habla suspira entre palabra y palabra, y aunque de nada carece, siempre se está lamentando.

Hubo un momento de silencio en la casa de abajo. Pepita Troya atisbó con cautela.

—Allá viene otra vez –murmuró en voz baja, imponiendo silencio–. María, dame una china... A ver... zas... allá va.

—No le has acertado.

—Dio en el suelo.

—A ver si puedo yo... Esperaremos a que salga otra vez de la despensa.

—Ya... ya sale. En guardia, Florentina.

—¡A la una, a las dos, a las tres!... ¡Paf!...

Oyose abajo un grito de dolor, un voto, una exclamación varonil, pues era un hombre el que la daba.

Pepe Rey pudo distinguir claramente estas palabras:

—¡Demonche! Me han agujereado la cabeza esas... ¡Jacinto, Jacinto! ¿Pero qué canalla de vecindad es esta?...

—¡Jesús, María y José, lo que he hecho! –exclamó llena de consternación Florentina–, le he dado en la cabeza al Sr. D. Inocencio.

—¿Al Penitenciario? –dijo Pepe Rey estupefacto.

—Sí.

—¿Vive en esa casa?

—¿Pues dónde ha de vivir?

—Esa señora de los suspiros...

—Es su sobrina, su ama o no sé qué. Nos divertimos con ella, porque es muy cargante; pero con el señor Penitenciario no solemos gastar bromas.

Mientras rápidamente se pronunciaban las palabras de este diálogo, Pepe Rey vio que frente al terrado y muy cerca de él se abrían los cristales de una ventana perteneciente a la misma casa bombardeada; vio que aparecía una cara risueña, una cara conocida, una cara cuya vista le aturdió y le consternó y le puso pálido y trémulo. Era Jacintito, que interrumpido en sus graves estudios, abrió la ventana de su despacho, presentándose en ella con la pluma en la oreja. Su rostro púdico, fresco y sonrosado daba a tal aparición aspecto semejante al de una aurora.

—Buenas tardes, Sr. D. José –dijo festivamente.

La voz de abajo gritaba de nuevo:

—¡Jacinto, pero Jacinto!

—Allá voy, tío. Estaba saludando a un amigo...

—Vámonos, vámonos –gritó Florentina con zozobra–. El señor Penitenciario va a subir al cuarto de *D. Nominavito* y nos echará un responso.

—Vámonos, cerremos la puerta del comedor.

Abandonaron en tropel el terrado.

—Debieron Vds. prever que Jacintito las vería desde su templo del saber –dijo Tafetán.

—*D. Nominavito* es amigo nuestro –repuso una de ellas–. Desde su templo de la ciencia nos dice a la calladita mil ternezas, y también nos echa besos volados.

—¿Jacinto? –preguntó el ingeniero–, ¿qué endiablado nombre le han puesto Vds.?

—*D. Nominavito...*

Las tres rompieron a reír.

—Lo llamamos así porque es muy sabio.

—No: porque cuando nosotras éramos chicas, él era chico también, pues... sí. Salíamos al terrado a jugar y le sentíamos estudiando en voz alta sus lecciones.

—Sí; y todo el santo día estaba cantando.

—Declinando, mujer. Eso es: se ponía de este modo *Nominavito rosa*, *Genivito*, *Davito*, *Acusavito*.

—Supongo que yo también tendré mi nombre postizo –dijo Pepe Rey.

—Que se lo diga a Vd. María Juana –replicó Florentina ocultándose.

—¿Yo?... díselo tú, Pepa.

—Vd. no tiene nombre todavía, D. José.

—Pero lo tendré. Prometo que vendré a saberlo, a recibir la confirmación –indicó el joven, con intención de retirarse.

—¿Pero se va Vd.?

—Sí. Ya han perdido Vds. bastante tiempo. Niñas, a trabajar. Esto de arrojar piedras a los vecinos y a los transeúntes no es la ocupación más a propósito para unas jóvenes tan lindas y de tanto mérito... Conque abur...

Y sin esperar más razones ni hacer caso de los cumplidos de las muchachas, salió a toda prisa de la casa, dejando en ella a D. Juan Tafetán.

La escena que había presenciado, la vejación sufrida por el canónigo, la inopinada presencia del doctorcillo, aumentaron las confusiones, recelos y presentimientos desagradables que turbaban el alma del pobre ingeniero. Deploró con toda su alma haber entrado en casa de las Troyas, y resuelto a emplear mejor el tiempo, mientras su hipocondría le durase, recorrió las calles de la población.

Visitó el mercado, la calle de la Tripería, donde estaban las principales tiendas; observó los diversos aspectos que ofrecían la industria y comercio de la gran Orbajosa, y como no hallara sino nuevos motivos de aburrimiento, encaminose al paseo de las Descalzas; pero no vio en él más que algunos perros vagabundos, porque con motivo del viento molestísimo que reinaba, caballeros y señoras se habían quedado en sus casas. Fue a la botica, donde hacían tertulia diversas especies de progresistas rumiantes, que estaban perpetuamente masticando un tema sin fin; pero allí se aburrió más. Pasaba al fin junto a la catedral, cuando sintió el órgano y los hermosos cantos de coro. Entró, arrodillose delante del altar mayor, recordando las advertencias que acerca de la compostura dentro de la iglesia le hiciera su tía; visitó luego una capilla, y disponíase a entrar en otra, cuando un acólito, celador o perrero se le acercó, y con modales muy descorteses y descompuesto lenguaje, le habló así:

—Su Ilustrísima dice que se plante Vd. en la calle.

El ingeniero sintió que la sangre se agolpaba en su cerebro. Sin decir una palabra obedeció.

Arrojado de todas partes por fuerza superior o por su propio hastío, no tenía más recurso que ir a casa de su tía, donde le esperaban:

1.º El tío Licurgo para anunciarle un segundo pleito.

2.º El Sr. D. Cayetano, para leerle un nuevo trozo de su discurso sobre los linajes de Orbajosa.

3.º Caballuco, para un asunto que no había manifestado.

4.º Doña Perfecta y su sonrisa bondadosa, para lo que se verá en el capítulo siguiente.

# – XIV –

## *La discordia sigue creciendo*

Una nueva tentativa de ver a su prima Rosario fracasó al caer de la tarde. Pepe Rey se encerró en su cuarto para escribir varias cartas, y no podía apartar de su mente una idea fija.

—Esta noche o mañana –decía– se acabará esto de una manera o de otra.

Cuando le llamaron para la cena, doña Perfecta se dirigió a él en el comedor, diciéndole de buenas a primeras:

—Querido Pepe, no te apures, yo aplacaré al Sr. D. Inocencio... Ya estoy enterada. María Remedios, que acaba de salir de aquí, me lo ha contado todo.

El semblante de la señora irradiaba satisfacción, semejante a la de un artista orgulloso de su obra.

—¿Qué?

—Yo te disculparé, hombre. Tomarías algunas copas en el Casino, ¿no es esto? He aquí el resultado de las malas compañías. ¡D. Juan Tafetán, las Troyas!... Esto es horrible, espantoso. ¿Has meditado bien?...

—Todo lo he meditado, señora –repuso Pepe, decidido a no entrar en discusiones con su tía.

—Me guardaré muy bien de escribirle a tu padre lo que has hecho.

—Puede V. escribirle lo que guste.

—Vamos: te defenderás desmintiéndome.

—Yo no desmiento.

—Luego confiesas que estuviste en casa de esas...

—Estuve.

—Y que le diste media onza, porque, según me ha dicho María Remedios, esta tarde bajó Florentina a la tienda del extremeño a que le cambiaran media onza. Ellas no podían haberla ganado con su costura. Tú estuviste hoy en casa de ellas; luego...

—Luego yo se la di. Perfectamente.

—No lo niegas.

—¡Qué he de negarlo! Creo que puedo hacer de mi dinero lo que mejor me convenga.

—Pero de seguro sostendrás que no apedreaste al Sr. Penitenciario.

—Yo no apedreo.

—Quiero decir que ellas en presencia tuya...

—Eso es otra cosa.

—E insultaron a la pobre María Remedios.

—Tampoco lo niego.

—¿Y cómo justificarás tu conducta? Pepe... por Dios. No dices nada; no te arrepientes, no protestas... no...

—Nada, absolutamente nada, señora.

—Ni siquiera procuras desagraviarme.

—Yo no he agraviado a Vd...

—Vamos, ya no te falta más que... Hombre, coge ese palo y pégame.

—Yo no pego.

—¡Qué falta de respeto!... ¡qué...! ¿No cenas?

—Cenaré.

Hubo una pausa de más de un cuarto de hora. D. Cayetano, doña Perfecta y Pepe Rey comían en silencio. Este se interrumpió cuando D. Inocencio entró en el comedor.

—¡Cuánto lo he sentido, Sr. D. José de mi alma!... Créame Vd. que lo he sentido de veras –dijo estrechando la mano al joven y mirándole con expresión de lástima profunda.

El ingeniero no supo qué contestar; tanta era su confusión.

—Me refiero al suceso de esta tarde.

—¡Ah!... ya.

—A la expulsión de Vd. del sagrado recinto de la iglesia catedral.

—El señor obispo –dijo Pepe Rey– debía pensarlo mucho antes de arrojar a un cristiano de la iglesia.

—Y es verdad, yo no sé quién le ha metido en la cabeza a Su Ilustrísima que Vd. es hombre de malísimas costumbres; yo no sé quién le ha dicho que usted hace alarde de ateísmo en todas partes; que se burla de cosas y personas sagradas, y aun que proyecta derribar la catedral para edificar con sus piedras una gran fábrica de alquitrán. Yo he procurado disuadirle; pero su Ilustrísima es un poco terco.

—Gracias por tanta bondad, Sr. D. Inocencio.

—Y eso que el señor Penitenciario no tiene motivos para guardarte tales consideraciones. Por poco más le dejan en el sitio esta tarde.

—¡Bah!... ¿pues qué? –dijo el sacerdote riendo–. ¿Ya se tiene aquí noticia de la travesurilla?... Apuesto a que María Remedios vino con el cuento. Pues se lo prohibí, se lo prohibí de un modo terminante. La cosa en sí no vale la pena, ¿no es verdad, Sr. de Rey?

—Puesto que Vd. lo juzga así...

—Ese es mi parecer. Cosas de muchachos... La juventud, digan lo que quieran los modernos, se inclina al vicio y a las acciones viciosas. El Sr. D. José, que es una persona de grandes prendas, no podía ser perfecto... ¿qué tiene de particular que esas graciosas niñas le sedujeran y después de sacarle el dinero, le hicieran cómplice de sus desvergonzados y criminales insultos a la vecindad? Querido amigo mío, por la dolorosa parte que me cupo en los juegos de esta tarde –añadió, llevándose la mano a la región lastimada–, no me doy por ofendido, ni siquiera mortificaré a Vd. con recuerdos de tan desagradable incidente. He sentido verdadera pena al saber que María Remedios había venido a contarlo todo... Es tan chismosa mi sobrina... Apostamos a que también contó lo de la media onza, y los retozos de Vd. con las niñas en el tejado, y las carreras y pellizcos, y el baileteo de D. Juan Tafetán... ¡Bah!, estas cosas debieran quedar en secreto.

Pepe Rey no sabía lo que le mortificaba más, si la severidad de su tía o las hipócritas condescendencias del canónigo.

—¿Por qué no se han de decir? –indicó la señora–. Él mismo no parece avergonzado de su conducta. Sépanlo todos. Únicamente se guardará secreto de esto a mi querida hija, porque en su estado nervioso son temibles los accesos de cólera.

—Vamos, que no es para tanto, señora –añadió el Penitenciario–. Mi opinión es que no se vuelva a hablar del asunto, y cuando esto lo dice el que recibió la pedrada, los demás pueden darse por satisfechos... Y no fue broma lo del trastazo, Sr. D. José, pues creí que me abrían un boquete en el casco y que se me salían por él los sesos...

—¡Cuánto siento este accidente!... –balbució Pepe Rey–. Me causa verdadera pena, a pesar de no haber tomado parte...

—La visita de Vd. a esas señoras Troyas llamará la atención en el pueblo –dijo el canónigo–. Aquí no estamos en Madrid, señores, aquí no estamos en ese centro de corrupción, de escándalo...

—Allá puedes visitar los lugares más inmundos –manifestó doña Perfecta–, sin que nadie lo sepa.

—Aquí nos miramos mucho –prosiguió D. Inocencio–. Reparamos todo lo que hacen los vecinos, y con tal sistema de vigilancia la moral pública se sostiene a conveniente altura... Créame Vd., amigo mío, créame Vd., y no digo esto por mortificarle; usted ha sido el primer caballero de su posición que a la luz del día... el primero, sí señor... *Trojæ qui primus ab oris*[37]...

Después se echó a reír, dando algunas palmadas en la espalda al ingeniero en señal de amistad y benevolencia.

—¡Cuán grato es para mí –dijo el joven, encubriendo su cólera con las palabras que creyó más oportunas para contestar a la solapada ironía de sus

---

37 *Trojæ qui primus ab oris*: el primero que en Troya de la boca...

interlocutores–, ver tanta generosidad y tolerancia, cuando yo merecía por mi criminal proceder...!

—¿Pues qué? A un individuo que es de nuestra propia sangre y que lleva nuestro mismo nombre –dijo doña Perfecta–, ¿se le puede tratar como a un cualquiera? Eres mi sobrino, eres hijo del mejor y más santo de los hombres, mi querido hermano Juan, y esto basta. Ayer tarde estuvo aquí el secretario del señor obispo, a manifestarme que Su Ilustrísima está muy disgustado porque te tengo en mi casa.

—¿También eso? –murmuró el canónigo.

—También eso. Yo dije que salvo el respeto que el señor obispo me merece y lo mucho que le quiero y reverencio, mi sobrino es mi sobrino, y no puedo echarle de mi casa.

—Es una nueva singularidad que encuentro en este país –dijo Pepe Rey, pálido de ira–. Por lo visto aquí el obispo gobierna las casas ajenas.

—Él es un bendito. Me quiere tanto que se le figura... se le figura que nos vas a comunicar tu ateísmo, tu despreocupación, tus raras ideas... Yo le he dicho repetidas veces que tienes un fondo excelente.

—Al talento superior debe siempre concedérsele algo –manifestó D. Inocencio.

—Y esta mañana, cuando estuve en casa de las de Cirujeda, ¡ay!, tú no puedes figurarte cómo me pusieron la cabeza... Que si habías venido a derribar la catedral; que si eras comisionado de los protestantes ingleses para ir predicando la herejía por España; que pasabas la noche entera jugando en el Casino; que salías borracho... "Pero señoras –les dije–, ¿quieren Vds. que yo envíe a mi sobrino a la posada?". Además, en lo de las embriagueces no tienen razón, y en cuanto al juego, no sé que jugaras hasta hoy.

Pepe Rey se hallaba en esa situación de ánimo en que el hombre más prudente siente dentro de sí violentos ardores y una fuerza ciega y brutal que tiende a estrangular, abofetear, romper cráneos y machacar huesos. Pero doña Perfecta era señora y además su tía, D. Inocencio era anciano y sacerdote. Además de esto las violencias de obra son de mal gusto e impropias de personas cristianas y bien educadas. Quedaba el recurso de dar libertad a su comprimido encono por medio de la palabra manifestada decorosamente y sin faltarse a sí mismo, pero aún le pareció prematuro este postrer recurso, que no debía emplear, según su juicio, hasta el instante de salir definitivamente de aquella casa y de Orbajosa. Resistiendo, pues, el furibundo ataque, aguardó.

Jacinto llegó cuando la cena concluía.

—Buenas noches, Sr. D. José... –dijo estrechando la mano del joven–. Vd. y sus amigas no me han dejado trabajar esta tarde. No he podido escribir una línea. ¡Y tenía que hacer!...

—¡Cuánto lo siento, Jacinto! Pues según me dijeron, Vd. las acompaña algunas veces en sus juegos y retozos.

—¡Yo! –exclamó el rapaz, poniéndose como la grana–. ¡Bah!, bien sabe Vd. que Tafetán no dice nunca palabra de verdad... ¿Pero es cierto, señor de Rey, que se marcha Vd.?

—¿Lo dicen por ahí?...

—Sí; lo he oído en el Casino, en casa de D. Lorenzo Ruiz.

Rey contempló durante un rato las frescas facciones de *D. Nominavito*. Después dijo:

—Pues no es cierto. Mi tía está muy contenta de mí; desprecia las calumnias con que me están obsequiando los orbajosenses... y no me arrojará de su casa aunque en ello se empeñe el señor obispo.

—Lo que es arrojarte... jamás. ¡Qué diría tu padre!...

—A pesar de sus bondades de Vd., querida tía, a pesar de la amistad cordial del señor canónigo, quizás decida yo marcharme...

—¡Marcharte!

—¡Marcharse Vd.!

En los ojos de doña Perfecta brilló una luz singular. El canónigo a pesar de ser hombre muy experto en el disimulo, no pudo ocultar su júbilo.

—Sí; y tal vez esta misma noche...

—¡Pero hombre, qué arrebatado eres!... ¿Por qué no esperas siquiera a mañana temprano?... A ver... Juan, que vayan a llamar al tío Licurgo, para que prepare la jaca... Supongo que llevarás algún fiambre... ¡Nicolasa!... ese pedazo de ternera que está en el aparador... Librada, la ropa del señorito... pronto.

—No, no puedo creer que Vd. tome determinación tan brusca –dijo D. Cayetano, creyéndose obligado a tomar alguna parte en aquella cuestión.

—¿Pero volverá Vd... no es eso? –preguntó el canónigo.

—¿A qué hora pasa el tren de la mañana? –preguntó doña Perfecta, por cuyos ojos claramente asomaba la febril impaciencia de su alma.

—Sí me marcho; me marcho esta misma noche.

—Pero hombre, si no hay luna...

En el alma de doña Perfecta, en el alma del Penitenciario, en la juvenil alma del doctorcillo retumbaron como una armonía celeste estas palabras: "esta misma noche".

—Por supuesto, querido Pepe, tú volverás... Yo he escrito hoy a tu padre, a tu excelente padre... –exclamó doña Perfecta con todos los síntomas fisiognómicos que aparecen cuando se va a derramar una lágrima.

—Molestaré a Vd. con algunos encargos –manifestó el sabio.

—Buena ocasión para pedir el cuaderno que me falta de la obra del abate Gaume –indicó el abogadejo.

—Vamos, Pepe, que tienes unos arrebatos y unas salidas –murmuró la señora sonriendo, con la vista fija en la puerta del comedor–. Pero se me olvidaba decirte que Caballuco está esperando para hablarte.

# – XV –

## Sigue creciendo, hasta que se declara la guerra

Todos miraron hacia la puerta, donde apareció la imponente figura del Centauro, serio, cejijunto, confuso al querer saludar con amabilidad, hermosamente salvaje, pero desfigurado por la violencia que hacía para sonreír urbanamente y pisar quedo [38] y tener en correcta postura los hercúleos brazos.

—Adelante, Sr. Ramos –dijo Pepe Rey.

—Pero no –objetó doña Perfecta–. Si es una tontería lo que tiene que decirte.

—Que lo diga.

—Yo no debo consentir que en mi casa se ventilen estas cuestiones ridículas...

—¿Qué quiere de mí el Sr. Ramos?

Caballuco pronunció algunas palabras.

—Basta, basta... –exclamó doña Perfecta, riendo–. No molestes más a mi sobrino. Pepe, no hagas caso de ese majadero... ¿Quieren Vds. que les diga en qué consiste el enojo del gran Caballuco?

—¿Enojo?

—Ya me lo figuro –indicó el Penitenciario, recostándose en el sillón y riendo expansivamente y con estrépito.

—Yo quería decirle al Sr. D. José... –gruñó el formidable jinete.

—Hombre, calla por Dios, no nos aporrees los oídos.

—Sr. Caballuco –apuntó el Penitenciario–, no es mucho que los señores de la corte desbanquen a los rudos caballistas de estas salvajes tierras...

—En dos palabras, Pepe: la cuestión es esta. Caballuco es no sé qué...

La risa le impidió continuar.

—No sé qué –añadió D. Inocencio– de una de las niñas de Troya, de Mariquita Juana, si no estoy equivocado.

—¡Y está celoso! Después de su caballo, lo primero de la creación es Mariquita Troya.

---

38   *Quedo*: suave, despacio.

—¡Bonito apunte! –exclamó la señora–. ¡Pobre Cristóbal! ¿Has creído que una persona como mi sobrino?... Vamos a ver, ¿qué ibas a decirle? Habla.

—Después hablaremos el Sr. D. José y yo –repuso bruscamente el bravo de la localidad.

Y sin decir más se retiró.

Poco después, Pepe Rey salió del comedor para ir a su cuarto. En la galería hallose frente a frente con su troyano antagonista, y no pudo reprimir la risa al ver la torva seriedad del ofendido cortejo.

—Una palabra –dijo este, plantándose descaradamente ante el ingeniero–. ¿Usted sabe quién soy yo?

Diciendo esto puso la pesada mano en el hombro del joven con tan insolente franqueza, que este no pudo menos de rechazarle enérgicamente.

—No es preciso aplastar para eso.

El valentón, ligeramente desconcertado, se repuso al instante y mirando a Rey con audacia provocativa, repitió su estribillo.

—¿Sabe Vd. quién soy yo?

—Sí; ya sé que es Vd. un animal.

Apartole bruscamente hacia un lado y entró en su cuarto. Según el estado del cerebro de nuestro desgraciado amigo en aquel instante, sus acciones debían sintetizarse en el siguiente brevísimo y definitivo plan: romperle la cabeza a Caballuco sin pérdida de tiempo, despedirse enseguida de su tía con razones severas aunque corteses que le llegaran al alma, dar un frío adiós al canónigo y un abrazo al inofensivo D. Cayetano; administrar por fin de fiesta una paliza al tío Licurgo, partir de Orbajosa aquella misma noche, y sacudirse el polvo de los zapatos [39] a la salida de la ciudad.

Pero los pensamientos del perseguido joven no podían apartarse, en medio de tantas amarguras, de otro desgraciado ser a quien suponía en situación más aflictiva y angustiosa que la suya propia. Tras el ingeniero entró en la estancia una criada.

—¿Le diste mi recado? –preguntó él.

—Sí señor y me dio esto.

Rey tomó de las manos de la muchacha un pedacito de periódico, en cuya margen leyó estas palabras: "Dicen que te vas. Yo me muero".

Cuando Pepe volvió al comedor, el tío Licurgo se asomaba a la puerta, preguntando:

—¿A qué hora hace falta la jaca?

—A ninguna –contestó vivamente Pepe Rey.

—¿Luego no te vas esta noche? –dijo doña Perfecta–. Mejor es que lo dejes para mañana.

—Tampoco.

—¿Pues cuándo?

---

39  *Sacudirse el polvo de los zapatos*: metafóricamente, abandonar algo y olvidarlo.

—Ya veremos –dijo fríamente el joven, mirando a su tía con imperturbable calma–. Por ahora no pienso marcharme.

Sus ojos lanzaban enérgico reto.

Doña Perfecta se puso primero encendida, pálida después. Miró al canónigo, que se había quitado las gafas de oro para limpiarlas, y luego clavó sucesivamente la vista en los demás que ocupaban la estancia, incluso Caballuco, que entrando poco antes, se sentara en el borde de una silla. Doña Perfecta les miró como mira un general a sus queridos cuerpos de ejército. Después examinó el semblante meditabundo y sereno de su sobrino, de aquel estratégico enemigo que se presentaba de improviso cuando se le creía en vergonzosa fuga.

¡Ay! ¡Sangre, ruina y desolación!... Una gran batalla se preparaba.

# – XVI –

## *Noche*

Orbajosa dormía. Los mustios farolillos del público alumbrado despedían en encrucijadas y callejones su postrer fulgor, como cansados ojos que no pueden vencer el sueño. A su débil luz se escurrían envueltos en sus capas los vagabundos, los rondadores, los jugadores. Sólo el graznar del borracho o el canto del enamorado turbaban la callada paz de la ciudad histórica. De pronto el *Ave María Purísima* de vinoso sereno sonaba como un quejido enfermizo del durmiente poblachón.

En la casa de doña Perfecta también había silencio. Turbábalo sólo un diálogo que en la biblioteca del Sr. D. Cayetano sostenían este y Pepe Rey. Sentábase el erudito reposadamente en el sillón de su mesa de estudio, la cual aparecía cubierta por diversas suertes [40] de papeles, conteniendo notas, apuntes y referencias, sin que el más pequeño desorden las confundiese, a pesar de su mucha diversidad y abundancia. Rey fijaba los ojos en el copioso montón de papeles; pero sus pensamientos volaban, sin duda, en regiones muy distantes de aquella sabiduría.

—Perfecta –dijo el anticuario–, aunque es una mujer excelente, tiene el defecto de escandalizarse por cualquier acción frívola e insignificante. Amigo, en estos pueblos de provincia el menor desliz se paga caro. Nada encuentro de particular en que Vd. fuese a casa de las Troyas. Se me figura que D. Inocencio, bajo su capita de hombre de bien, es algo cizañoso. ¿A él qué le importa?...

—Hemos llegado a un punto, Sr. D. Cayetano, en que es preciso tomar una determinación enérgica. Yo necesito ver y hablar a Rosario.

—Pues véala Vd.

—Es que no me dejan –respondió el ingeniero, dando un puñetazo en la mesa–. Rosario está secuestrada...

—¡Secuestrada! –exclamó el sabio con incredulidad–. La verdad es que no me gusta su cara, ni su aspecto, ni menos el estupor que se pinta en sus be-

---

40  *Suertes*: género o especie de una cosa, en este caso papeles.

llos ojos. Está triste, habla poco, llora... Amigo don José, me temo mucho que esa niña se vea atacada de la terrible enfermedad que ha hecho tantas víctimas en los individuos de mi familia.

—¡Una terrible enfermedad! ¿Cuál?

—La locura... mejor dicho, manías. En la familia no ha habido uno solo que se librara de ellas. Yo, yo soy el único que he logrado escapar.

—¡Usted!... Dejando a un lado las manías –dijo Rey con impaciencia–, yo quiero ver a Rosario.

—Nada más natural. Pero el aislamiento en que su madre la tiene es un sistema higiénico, querido Pepe, el único sistema que se ha empleado con éxito en todos los individuos de mi familia. Considere usted que la persona cuya presencia y voz debe de hacer más impresión en el delicado sistema nervioso de Rosarillo es el elegido de su corazón.

—A pesar de todo –insistió Pepe–, yo quiero verla.

—Quizás Perfecta no se oponga a ello –dijo el sabio fijando la atención en sus notas y papeles–. No quiero meterme en camisa de once varas [41].

El ingeniero, viendo que no podía sacar partido del buen Polentinos, se retiró para marcharse.

—Usted va a trabajar, y no quiero estorbarle.

—No; aún tengo tiempo. Vea Vd. el cúmulo de preciosos datos que he reunido hoy. Atienda Vd... "En 1537 un vecino de Orbajosa llamado Bartolomé del Hoyo, fue a Civitta–Vecchia en las galeras del Marqués de Castel––Rodrigo". Otra. "En el mismo año dos hermanos, hijos también de Orbajosa y llamados Juan y Rodrigo González del Arco, se embarcaron en los seis navíos que salieron de Maestrique el 20 de Febrero y que a la altura de Calais toparon con un navío inglés, y los flamencos que mandaba Van Owen...". En fin, fue aquello una importante hazaña de nuestra marina. He descubierto que un orbajosense, un tal Mateo Díaz Coronel, alférez de la Guardia, fue el que escribió en 1709 y dio a la estampa en Valencia el *Métrico encomio, fúnebre canto, lírico elogio, descripción numérica, gloriosas fatigas, angustiadas glorias de la Reina de los Ángeles.* Poseo un preciosísimo ejemplar de esta obra, que vale un Perú... Otro orbajosense es autor de aquel famoso *Tractado de las diversas suertes de la Gineta*, que enseñé a Vd. ayer; y en resumen, no doy un paso por el laberinto de la historia inédita sin tropezar con algún paisano ilustre. Yo pienso sacar todos esos nombres de la injusta oscuridad y olvido en que yacen. ¡Qué goce tan puro, querido Pepe, es devolver todo su lustre a las

---

41  *Meterse en camisa de once varas*: según el diccionario RAE hasta 1729 es "locución contra los que se meten, o emprenden cosas arduas, no siendo capaces de salir con el intento, por faltarles los requisitos para su logro", o sea "meterse en problemas".
Desde entonces el diccionario lo define como: "Se aplica al que se mete en asuntos que no le importan".
Una y otra acepción cuadran: podría ser tanto que D. Cayetano rehusara meterse en problemas con Doña Perfecta, como que considerara el tema ajeno a su incumbencia.
Dada la caracterización que el autor hace de Doña Perfecta nos inclinamos a pensar que la intención ha sido recalcar lo temible que resulta Da. Perfecta, y qué mejor oportunidad que ésta: el tío no se anima a ayudar a su sobrina enferma por temor a represalias de su propia hermana.

glorias, ora épicas, ora literarias del país en que hemos nacido! Ni qué mejor empleo puede dar un hombre al escaso entendimiento que del cielo recibiera, a la fortuna heredada y al tiempo breve con que puede contar en el mundo la más dilatada existencia... Gracias a mí, se verá que Orbajosa es ilustre cuna del genio español. Pero ¿qué digo? ¿No se conoce bien su prosapia ilustre en la nobleza, en la hidalguía de la actual generación *urbsaugustana*? Pocas localidades conocemos en que crezcan con más lozanía las plantas y arbustos de todas las virtudes, libres de la maléfica yerba de los vicios. Aquí todo es paz, mutuo respeto, humildad cristiana. La caridad se practica aquí como en los mejores tiempos evangélicos; aquí no se conoce la envidia, aquí no se conocen las pasiones criminales; y si oye hablar Vd. de ladrones y asesinos, tenga por seguro queno son hijos de esta noble tierra, o que pertenecen al número de los infelices pervertidos por las predicaciones demagógicas. Aquí verá Vd. el carácter nacional en toda su pureza, recto, hidalgo, incorruptible, puro, sencillo, patriarcal, hospitalario, generoso... Por eso gusto tanto de vivir en esta pacífica soledad, lejos del laberinto de las ciudades, donde reinan ¡ay!, la falsedad y el vicio. Por eso no han podido sacarme de aquí los muchos amigos que tengo en Madrid; por eso vivo en la dulcecompañía de mis leales paisanos y de mis libros, respirando sin cesar esta salutífera atmósfera de honradez, que se va poco a poco reduciendo en nuestra España, y sólo existe en las humildes y cristianas ciudades que con las emanaciones de sus virtudes saben conservarla. Y no crea Vd., este sosegado aislamiento ha contribuido mucho, queridísimo Pepe, a librarme de la terrible enfermedad connaturalizada en mi familia. En mi juventud, yo, lo mismo que mis hermanos y padre, padecía lamentable propensión a las más absurdas manías; pero aquí me tiene Vd. tan pasmosamente curado de ellas, que no conozco la existencia de tal enfermedad sino cuando la veo en los demás. Por eso mi sobrinilla [42] me tiene tan inquieto.

—Celebro que los aires de Orbajosa le hayan preservado a Vd. –dijo Rey, no pudiendo reprimir un sentimiento de burlas que por ley extraña nació en medio de su tristeza–. A mí me han probado tan mal que creo he de ser maniático dentro de poco tiempo si sigo aquí. Con que buenas noches, y que trabaje Vd. mucho.

—Buenas noches.

Dirigiose a su habitación; mas no sintiendo sueño ni necesidad de reposo físico, sino por el contrario, fuerte excitación que le impulsaba a agitarse y divagar, cavilando y moviéndose, se paseó de un ángulo a otro de la pieza. Después abrió la ventana que daba a la huerta, y poniendo los codos en el antepecho de ella, contempló la inmensa negrura de la noche. No se veía nada. Pero el hombre ensimismado lo ve todo, y Rey, fijos los ojos en la oscuridad, miraba cómo se iba desarrollando sobre ella el abigarrado paisaje de sus desgracias. La sombra no le permitía ver las flores de la tierra, ni las del cielo, que

---

42  *Sobrinilla*: diminutivo de "sobrina".

son las estrellas. La misma falta casi absoluta de claridad producía el efecto de un ilusorio movimiento en las masas de árboles, que se extendían al parecer; iban perezosamente y regresaban enroscándose, como el oleaje de un mar de sombras. Formidable flujo y reflujo, una lucha entre fuerzas no bien manifiestas agitaban la silenciosa esfera. El matemático, contemplando aquella extraña proyección de su alma sobre la noche, decía:

—La batalla será terrible. Veremos quién sale triunfante.

Los insectos de la noche hablaron a su oído diciéndole misteriosas palabras. Aquí un chirrido áspero, allí un chasquido semejante al que hacemos con la lengua, allá lastimeros murmullos, más lejos un son vibrante, parecido al de la esquila suspendida al cuello de la res vagabunda. De súbito sintió Rey una consonante extraña, una rápida nota propia tan sólo de la lengua y de los labios humanos. Esta exhalación cruzó por el cerebro del joven como un relámpago. Sintió culebrear dentro de sí aquella S fugaz, que se repitió una y otra vez, aumentando de intensidad. Miró a todos lados, miró hacia la parte alta de la casa, y en una ventana creyó distinguir un objeto semejante a un ave blanca que movía las alas. Por la mente excitada de Pepe Rey cruzó en un instante la idea del fénix, de la paloma, de la garza real... y sin embargo aquella ave no era más que un pañuelo.

El ingeniero saltó por la ventana a la huerta. Observando bien, vio la mano y el rostro de su prima. Le pareció distinguir el tan usual movimiento de imponer silencio llevando el dedo a los labios. Después la simpática sombra alargó el brazo hacia abajo y desapareció.

Pepe Rey entró de nuevo en su cuarto rápidamente y procurando no hacer ruido, pasó a la galería, avanzando después lentamente por ella. Sentía el palpitar de su corazón como si recibiera hachazos dentro del pecho. Esperó un rato... al fin oyó distintamente tenues golpes en los peldaños de la escalera. Uno, dos, tres... Producían aquel rumor unos zapatitos.

Dirigiose hacia allá en medio de una oscuridad casi profunda, y alargó los brazos para prestar apoyo a quien bajaba. En su alma reinaba una ternura exaltada y profunda, pero ¿a qué negarlo?, tras aquel dulce sentimiento surgió de repente, como infernal inspiración, otro que era un terrible deseo de venganza.

Los pasos se acercaban descendiendo. Pepe Rey avanzó y unas manos que tanteaban en el vacío, chocaron con las suyas. Las cuatro ¡ay!, se unieron en estrecho apretón.

# – XVII –

## *Luz a oscuras*

La galería era larga y ancha. A un extremo estaba la puerta del cuarto donde moraba el ingeniero, en el centro la del comedor y al otro extremo la escalera y una puerta grande y cerrada, con un peldaño en el umbral. Aquella puerta era la de una capilla, donde los Polentinos tenían los santos de su devoción doméstica. Alguna vez se celebraba en ella el santo sacrificio de la misa.

Rosario dirigió a su primo hacia la puerta de la capilla, y se dejó caer en el escalón.

—¿Aquí?... –murmuró Pepe Rey.

Por los movimientos de la mano derecha de Rosario, comprendió que esta se santiguaba.

—Prima querida, Rosario... ¡gracias por haberte dejado ver! –exclamó estrechándola con ardor entre sus brazos.

Sintió los dedos fríos de la joven sobre sus labios, imponiéndole silencio. Los besó con frenesí.

—Estás helada... Rosario... ¿por qué tiemblas así?

Daba diente con diente, y su cuerpo todo se estremecía con febril convulsión. Rey sintió en su cara el abrasador fuego del rostro de su prima, y alarmado exclamó:

—Tu frente es un volcán, Rosario. Tienes fiebre.

—Mucha.

—¿Estás enferma realmente?

—Sí...

—Y has salido...

—Por verte.

El ingeniero la estrechó entre sus brazos para darle abrigo; pero no bastaba.

—Aguarda –dijo vivamente levantándose–. Voy a mi cuarto a traer mi manta de viaje.

—Apaga la luz, Pepe.

Rey había dejado encendida la luz dentro de su cuarto, y por la puerta de este salía una tenue claridad, iluminando la galería.

Volvió al instante. La oscuridad era ya profunda. Tentando las paredes pudo llegar hasta donde estaba su prima. Reuniéronse y la arropó cuidadosamente de los pies a la cabeza.

—¡Qué bien estás ahora, niña mía!

—Sí, ¡qué bien!... Contigo.

—Conmigo... y para siempre –exclamó con exaltación el joven.

Pero observó que se desasía de sus brazos y se levantaba.

—¿Qué haces?

Sintió el ruido de un hierrecillo. Rosario entraba una llave en la invisible cerradura, y abría cuidadosamente la puerta en cuyo umbral se habían sentado. Leve olor de humedad, inherente a toda pieza cerrada por mucho tiempo, salía de aquel recinto oscuro como una tumba. Pepe Rey se sintió llevado de la mano, y la voz de su prima dijo muy débilmente:

—Entra.

Dieron algunos pasos. Creíase él conducido a ignotos lugares Elíseos por el ángel de la noche. Ella tanteaba. Por fin volvió a sonar su dulce voz murmurando:

—Siéntate.

Estaban junto a un banco de madera. Los dos se sentaron. Pepe Rey la abrazó de nuevo. En el mismo instante su cabeza chocó con un cuerpo muy duro.

—¿Qué es esto?

—Los pies.

—Rosario... ¿qué dices?

—Los pies del divino Jesús, de la imagen de Cristo Crucificado que adoramos en mi casa.

Pepe Rey sintió como una fría lanzada que le traspasó el corazón.

—Bésalos –dijo imperiosamente la joven.

El matemático besó los helados pies de la santa imagen.

—Pepe –exclamó después la señorita, estrechando ardientemente la mano de su primo–. ¿Tú crees en Dios?

—¡Rosario!... ¿qué dices ahí? ¡Qué locuras piensas! –repuso con perplejidad el primo.

—Contéstame.

Pepe Rey sintió humedad en sus manos.

—¿Por qué lloras? –dijo lleno de turbación–. Rosario, me estás matando con tus dudas absurdas. ¡Que si creo en Dios! ¿Lo dudas tú?

—Yo no; pero todos dicen que eres ateo.

—Desmerecerías a mis ojos, te despojarías de tu aureola de pureza y de prestigio, si dieras crédito a tal necedad.

—Oyéndote calificar de ateo, y sin poder convencerme de lo contrario por ninguna razón, he protestado desde el fondo de mi alma contra tal calumnia. Tú no puedes ser ateo. Dentro de mí tengo yo vivo y fuerte el sentimiento de tu religiosidad, como el de la mía propia.

—¡Qué bien has hablado! ¿Entonces, por qué me preguntas si creo en Dios?

—Porque quería escucharlo de tu misma boca y recrearme oyéndotelo decir. ¡Hace tanto tiempo que no oigo el acento de tu voz!... ¿Qué mayor gusto que oírla de nuevo, después de tan gran silencio, diciendo: "creo en Dios"?

—Rosario, hasta los malvados creen en él. Si existen ateos, que no lo dudo, son los calumniadores, los intrigantes de que está infestado el mundo... Por mi parte, me importan poco las intrigas y las calumnias, y si tú te sobrepones a ellas y cierras tu corazón a los sentimientos de discordia que una mano aleve quiere introducir en él, nada se opondrá a nuestra felicidad.

—¿Pero qué nos pasa? Pepe, querido Pepe... ¿tú crees en el Diablo?

El ingeniero calló. La oscuridad de la capilla no permitía a Rosario ver la sonrisa con que su primo acogiera tan extraña pregunta.

—Será preciso creer en él —dijo al fin.

—¿Qué nos pasa? Mamá me prohíbe verte; pero fuera de lo del ateísmo no habla mal de ti: Díceme que espere; que tú decidirás; que te vas, que vuelves... Háblame con franqueza... ¿Has formado mala idea de mi madre?

—De ninguna manera —replicó Rey apremiado por su delicadeza.

—¿No crees, como yo, que me quiere mucho; que nos quiere a los dos; que sólo desea nuestro bien, y que al fin y al cabo hemos de alcanzar de ella el consentimiento que deseamos?

—Si tú lo crees así, yo también... Tu mamá nos adora a entrambos... Pero, querida Rosario, es preciso confesar que el Demonio ha entrado en esta casa.

—No te burles... —repuso ella con cariño—. ¡Ay!, mamá es muy buena. Ni una sola vez me ha dicho que no fueras digno de ser mi marido. No insiste más que en lo del ateísmo. Dicen además que tengo manías, y que ahora me ha entrado la de quererte con toda mi alma. En nuestra familia es ley no contrariar de frente las manías congénitas que tenemos, porque atacándolas se agravan más.

—Pues yo creo que a tu lado hay buenos médicos que se han propuesto curarte, y que al fin, adorada niña mía, lo conseguirán.

—No, no, no mil veces —exclamó Rosario apoyando su frente en el pecho de su novio—. Quiero volverme loca contigo. Por ti estoy padeciendo, por ti estoy enferma; por ti desprecio la vida y me expongo a morir... Ya lo preveo; mañana estaré peor, me agravaré... Moriré; ¿qué me importa?

—Tú no estás enferma –repuso él con energía–; tú no tienes sino una perturbación moral, que naturalmente trae ligeras afecciones nerviosas; tú no tienes más que la pena ocasionada por esta horrible violencia que están ejerciendo sobre ti. Tu alma sencilla y generosa no lo comprende. Cedes; perdonas a los que te hacen daño; te afliges, atribuyendo tu desgracia a funestas influencias sobrenaturales; padeces en silencio; entregas tu inocente cuello al verdugo; te dejas matar, y el mismo cuchillo hundido en tu garganta te parece la espina de una flor que se te clavó al pasar. Rosario, desecha esas ideas: considera nuestra verdadera situación, que es grave; mira la causa de ella donde verdaderamente está, y no te acobardes, no cedas a la mortificación que se te impone, enfermando tu alma y tu cuerpo. El valor de que careces te devolverá la salud, porque tú no estás realmente enferma, querida niña mía, tú estás... ¿quieres que lo diga?, estás asustada, aterrada. Te pasa lo que los antiguos no sabían definir y llamaban maleficio. Rosario, ánimo, ¡confía en mí! Levántate y sígueme. No te digo más.

—¡Ay! ¡Pepe... primo mío!... se me figura que tienes razón –exclamó Rosarito anegada en llanto–. Tus palabras resuenan en mi corazón como golpes violentos que estremeciéndome, me dan nueva vida. Aquí en esta oscuridad donde no podemos vernos las caras, una luz inefable sale de ti y me inunda el alma. ¿Qué tienes tú, que así me transformas? Cuando te conocí, de repente fui otra. En los días en que he dejado de verte, me he visto volver a mi antiguo estado insignificante, a mi cobardía primera. Sin ti vivo en el Limbo, Pepe mío... Haré lo que me dices; me levanto y te sigo. Iremos juntos a donde quieras. ¿Sabes que me siento bien?, ¿sabes que no tengo ya fiebre?, ¿que recobro las fuerzas?, ¿que quiero correr y gritar?, ¿que todo mi ser se renueva y se aumenta y se centuplica para adorarte? Pepe, tienes razón. Yo no estoy enferma, yo no estoy sino acobardada, mejor dicho, fascinada.

—Eso es, fascinada.

—Fascinada. Terribles ojos me miran y me dejan muda y trémula. Tengo miedo; ¿pero a qué?... Tú solo tienes el extraño poder de devolverme la vida. Oyéndote, resucito. Yo creo que si me muriera y fueras a pasear junto a mi sepultura, desde lo hondo de la tierra sentiría tus pasos. ¡Oh, si pudiera verte ahora!... Pero estás aquí, a mi lado, y no puedo dudar que eres tú... ¡Tanto tiempo sin verte!... Yo estaba loca. Cada día de soledad me parecía un siglo... Me decían que mañana, que mañana y vuelta con mañana. Yo me asomaba a la ventana por las noches a la ventana, y la claridad de la luz de tu cuarto, me servía de consuelo. A veces tu sombra en los cristales, era para mí una aparición divina. Yo extendía los brazos hacia fuera, derramaba lágrimas y gritaba con el pensamiento, sin atreverme a hacerlo con la voz. Cuando recibí tu recado por conducto de la criada; cuando recibí tu carta diciéndome que te marchabas, me puse muy triste, creí que se me iba saliendo el alma del cuerpo y que me moría por grados. Yo caía, caía, como el pájaro herido cuando vuela, que va cayendo y muriéndose, todo al mismo tiempo... Esta noche, cuando te vi despierto tan tarde, no pude resistir el anhelo de hablarte, y bajé. Creo que todo el atrevimiento que puedo tener en mi vida, lo he consumido y empleado en una sola acción, en esta, y que ya no podré dejar de ser cobarde... Pero tú me darás aliento; tú me darás fuerzas; tú me ayudarás ¿no es verdad?... Pepe, primo mío querido, dime que sí; dime que tengo fuerzas y las tendré; dime que no estoy enferma y no lo estaré. Ya no lo estoy. Me encuentro tan bien, que me río de mis males ridículos.

Al decir esto, Rosarito se sintió frenéticamente enlazada por los brazos de su primo. Oyose un ¡ay!, pero no salió de los labios de ella, sino de los de él, porque habiendo inclinado la cabeza, tropezó violentamente con los pies del Cristo. En la oscuridad es donde se ven las estrellas.

En el estado de su ánimo y en la natural alucinación que producen los sitios oscuros, a Rey le parecía, no que su cabeza había topado con el santo pie, sino que este se había movido, amonestándole de la manera más breve y más elocuente. Entre serio y festivo alzó la cabeza y dijo así:

—Señor, no me pegues, que no haré nada malo.

En el mismo instante Rosario tomó la mano del joven, oprimiéndola contra su corazón. Oyose una voz pura, grave, angelical, conmovida, que habló de este modo:

—Señor que adoro, Señor Dios del mundo y tutelar de mi casa y de mi familia; Señor a quien Pepe también adora; Santo Cristo bendito que moriste en la cruz por nuestros pecados: ante ti, ante tu cuerpo herido, ante tu frente coronada de espinas, digo que este es mi esposo, y que después de ti, es el que más ama mi corazón; digo que le declaro mi esposo y que antes moriré que pertenecer a otro. Mi corazón y mi alma son suyos. Haz que el mundo no se oponga a nuestra felicidad y concédeme el favor de que esta unión que juro sea buena ante el mundo como lo es en mi conciencia.

—Rosario, eres mía —exclamó Pepe con exaltación—. Ni tu madre ni nadie lo impedirá.

La prima inclinó su hermoso busto inerte sobre el pecho del primo. Temblaba en los amantes brazos varoniles, como la paloma en las garras del águila.

Por la mente del ingeniero pasó como un rayo la idea de que existía el Demonio; pero entonces el Demonio era él.

Rosario hizo ligero movimiento de miedo, tuvo como el temblor de sorpresa que anuncia el peligro.

—Júrame que no desistirás —dijo turbadamente Rey atajando aquel movimiento.

—Te lo juro por las cenizas de mi padre que están...

—¡Dónde!

—Bajo nuestros pies.

El matemático sintió que se levantaba bajo sus pies la losa... pero no, no se levantaba: es que él creyó notarlo así, a pesar de ser matemático.

—Te lo juro –repitió Rosario– por las cenizas de mi padre y por Dios que nos está mirando... Que nuestros cuerpos, unidos como están ahora, reposen bajo estas losas cuando Dios quiera llevarnos de este mundo.

—Sí –repitió Pepe Rey–, con emoción profunda, sintiendo llena su alma de una turbación inexplicable.

Ambos permanecieron en silencio durante breve rato. Rosario se había levantado.

—¿Ya?

Volvió a sentarse.

—Tiemblas otra vez –dijo Pepe–. Rosario, tú estás mala; tu frente abrasa.

Tentola y ardía.

—Parece que me muero –murmuró la joven con desaliento–. No sé qué tengo.

Cayó sin sentido en brazos de su primo. Agasajándola, notó que el rostro de la joven se cubría de helado sudor.

—Está realmente enferma –dijo para sí–. Esta salida es una verdadera calaverada.

Levantola en sus brazos tratando de reanimarla, pero ni el temblor de ella ni el desmayo cesaban, por lo cual resolvió sacarla de la capilla, a fin de que el aire fresco la reanimase. Así fue en efecto. Recobrado el sentido, manifestó Rosario mucha inquietud por hallarse a tal hora fuera de su habitación. El relój de la catedral dio las cuatro.

—¡Qué tarde! –exclamó la joven–. Suéltame, primo. Me parece que puedo andar. Verdaderamente estoy muy mala.

—Subiré contigo.

—Eso de ninguna manera. Antes iré arrastrándome hasta mi cuarto... ¿No te parece que se oye un ruido?...

Ambos callaron. La ansiedad de su atención determinó un silencio absoluto.

—¿No oyes nada, Pepe?

—Absolutamente nada.

—Pon atención... Ahora, ahora vuelve a sonar. Es un rumor que no sé si suena lejos, muy lejos, o cerca, muy cerca. Lo mismo podría ser la respiración de mi madre que el chirrido de la veleta que está en la torre de la catedral. ¡Ah! Tengo un oído muy fino.

—Demasiado fino... Con que, querida prima, te subiré en brazos.

—Bueno, súbeme hasta lo alto de la escalera. Después iré yo sola. En cuanto descanse un poco, me quedaré como si tal cosa... ¿Pero no oyes?

Detuviéronse en el primer peldaño.

—Es un sonido metálico.

—¿La respiración de tu mamá?

—No, no es eso. El rumor viene de muy lejos. ¿Será el canto de un gallo?

—Podrá ser.

—Parece que suenan dos palabras, diciendo: *allá voy, allá voy*.

—Ya, ya oigo –murmuró Pepe Rey.

—Es un grito.

—Es una corneta.

—¡Una corneta!

—Sí. Sube pronto. Orbajosa va a despertar... Ya se oye con claridad. No es trompeta sino clarín. La tropa se acerca.

—¡Tropa!

—No sé por qué me figuro que esta invasión militar ha de ser provechosa para mí... Estoy alegre, Rosario arriba pronto.

—También yo estoy alegre. Arriba.

En un instante la subió, y los dos amantes se despidieron, hablándose al oído tan quedamente que apenas se oían.

—Me asomaré por la ventana que da a la huerta, para decirte que he llegado a mi cuarto sin novedad. Adiós.

—Adiós, Rosario. Ten cuidado de no tropezar con los muebles.

—Por aquí navego bien, primo. Ya nos veremos otra vez. Asómate a la ventana de tu cuarto si quieres recibir mi parte telegráfico.

Pepe Rey hizo lo que se le mandaba; pero aguardó largo rato y Rosario no apareció en la ventana. El ingeniero creía sentir agitadas voces en el piso alto.

# – XVIII –

## *Tropa*

Los habitantes de Orbajosa oían en la crepuscular vaguedad de su último sueño aquel clarín sonoro, y abrían los ojos diciendo:

—Tropa.

Unos hablando consigo mismos, mitad dormidos, mitad despiertos, murmuraban:

Por fin nos han mandado esa canalla.

Otros se levantaban a toda prisa, gruñendo así:

—Vamos a ver a esos condenados.

Alguno apostrofaba de este modo:

—Anticipo forzoso tenemos... Ellos dicen quintas, contribuciones; nosotros diremos palos y más palos.

En otra casa se oyeron estas palabras, pronunciadas con alegría:

—Si vendrá mi hijo... ¡Si vendrá mi hermano!...

Todo era saltar del lecho, vestirse a prisa, abrir las ventanas para ver el alborotador regimiento que entraba con las primeras luces del día. La ciudad era tristeza, silencio, vejez; el ejército alegría, estrépito, juventud. Entrando el uno en la otra, parecía que la momia recibía por arte maravillosa el don de la vida, y bulliciosa saltaba fuera del húmedo sarcófago [43] para bailar en torno de él. ¡Qué movimiento, qué algazara, qué risas, qué jovialidad! No existe nada tan interesante como un ejército. Es la patria en su aspecto juvenil y vigoroso. Lo que en el concepto individual tiene o puede tener esa misma patria de inepta, de levantisca, de supersticiosa unas veces, de blasfema otras, desaparece bajo la presión férrea de la disciplina que de tantas figurillas insignificantes hace un conjunto prodigioso. El soldado, o sea el corpúsculo, al desprenderse, después de un *rompan filas* [44], de la masa en que ha tenido vida regular y a veces sublime, suele conservar algunas de las cualidades peculiares del ejército. Pero esto no es lo más común. A la separación suele acompañar súbito encanallamiento, de lo cual resulta que si un ejército es

43   "arcófago" en el original.
44   *Rompan filas*: orden militar de dispersarse.

gloria y honor, una reunión de soldados puede ser calamidad insoportable, y los pueblos que lloran de júbilo y entusiasmo al ver entrar en su recinto un batallón victorioso, gimen de espanto y tiemblan de recelo cuando ven libres y sueltos a los señores soldados.

Esto último sucedió en Orbajosa, porque en aquellos días no había glorias que cantar ni motivo alguno para tejer coronas ni trazar letreros triunfales ni mentar siquiera hazañas de nuestros bravos, por cuya razón todo fue miedo y desconfianza en la episcopal ciudad, que si bien pobre, no carecía de tesoros en gallinas, frutas, dinero y doncellez, los cuales corrían gran riesgo desde que entraron los consabidos alumnos de Marte.

Además de esto, la patria de los Polentinos, como ciudad muy apartada del movimiento y bullicio que han traído el tráfico, los periódicos, los ferrocarriles y otros agentes que no hay para qué analizar ahora, no gustaba que la molestasen en su sosegada existencia. Siempre que se le ofrecía coyuntura propia, mostraba asimismo viva repulsión a someterse a la autoridad central que mal o bien nos gobierna; y recordando sus fueros de antaño y masculándolos de nuevo, como rumia el camello la yerba que ha comido el día antes, solía hacer alarde de cierta independencia levantisca, deplorables resabios de behetría[45] que a veces daban no pocos quebraderos de cabeza al gobernador de la provincia.

Otrosí[46] debe tenerse en cuenta que Orbajosa tenía antecedentes, o mejor dicho abolengo faccioso. Sin duda conservaba en su seno algunas fibras enérgicas de aquellas que en edad remota, según la entusiasta opinión de D. Cayetano, la impulsaron a inauditas acciones épicas; y aunque en decadencia, sentía de vez en cuando violento afán de hacer grandes cosas, aunque fueran barbaridades y desatinos. Como dio al mundo tantos egregios hijos, quería sin duda que sus actuales vástagos, los Caballucos, Merengues y Pelomalos renovasen las *Gestas* gloriosas de los de antaño.

Siempre que hubo facciones en España, aquel pueblo dio a entender que no existía en vano sobre la faz de la tierra, si bien nunca sirvió de teatro a una verdadera guerra. Su genio, su situación, su historia la reducían al papel secundario de levantar partidas. Obsequió al país con esta fruta nacional en 1827 cuando los Apostólicos, durante la guerra de los siete años, en 1848, y en otras épocas de menos eco en la historia patria. Las partidas y los partidarios fueron siempre populares, circunstancia funesta que procedía de la guerra de la Independencia, una[47] de esas cosas buenas que han sido origen de infinitas cosas detestables. *Corruptio optimi pessima*[48]. Y con la popularidad de las partidas y de los partidarios, coincidía, siempre creciente, la impopularidad de todo lo que entraba en Orbajosa con visos de delegación o instrumento del poder central. Los soldados fueron siempre tan mal vistos allí que siempre que los ancianos narraban un crimen, robo, asesinato, violación o cualquier otro espantable desafuero, añadían: *esto sucedió cuando vino la tropa.*

45  *Behetría*: poblaciones que elegían como señores a quienes ellos desearan.
46  *Otrosí*: además.
47  "unas" en el original. *(N. del E.)*
48  *Corruptio optimi pessima*: la corrupción de lo mejor  es lo peor

Y ya que se ha dicho esto tan importante, bueno será añadir que los batallones enviados allá en los mismos días de la historia que referimos, no iban a pasearse por las calles, pues que llevaban un objeto que clara y detalladamente se verá más adelante. Como dato de no escaso interés apuntaremos que lo que aquí se va contando ocurrió en un año que no está muy cerca del presente, ni tan poco muy lejos, así como también se puede decir que Orbajosa (entre los romanos *urbs augusta*, si bien algunos eruditos modernos, examinando el *ajosa*, opinan que este rabillo lo tiene por ser patria de los mejores ajos del mundo), no está muy lejos ni tampoco muy cerca de Madrid, no debiendo tampoco asegurarse que enclave sus gloriosos cimientos al Norte ni al Sur, ni al Este ni al Oeste, sino que es posible esté en todas partes, y por do quiera[49] que los españoles revuelvan sus ojos y sientan el picor de sus ajos.

Repartidas por el municipio las cédulas de alojamiento, cada cual se fue en busca de su hogar prestado. Les recibían de muy mal talante, dándoles acomodo en los lugares más atrozmente inhabitables de las casas. Las muchachas del pueblo no eran en verdad las más descontentas; pero se ejercía sobre ellas una gran vigilancia, y no era decente mostrar alegría por la visita de tal canalla. Los pocos soldados hijos de la comarca eran los únicos que estaban a cuerpo de rey. Los demás eran considerados como extranjeros de la extranjería más remota.

A las ocho de la mañana un teniente coronel de caballería entró con su cédula en casa de Doña Perfecta Polentinos. Recibiéronle los criados, por encargo de la señora, que hallándose en deplorable situación de ánimo, no quiso bajar al encuentro del soldadote; y señaláronle para vivienda la única habitación al parecer disponible de la casa, el cuarto que ocupaba Pepe Rey.

—Que se acomoden los dos como puedan –dijo doña Perfecta con expresión de hiel y vinagre–. Y si no caben que se vayan a la calle.

¿Era su intención molestar de este modo al infame sobrino, o realmente no había en el edificio otra pieza disponible? No lo sabemos, ni las crónicas de donde esta verídica historia ha salido dicen una palabra acerca de tan importante cuestión. Lo que sabemos de un modo incontrovertible es que lejos de mortificar a los dos huéspedes que les embaularan juntos, causoles sumo gusto por ser amigos antiguos. Grande y alegre sorpresa tuvieron uno y otro cuando se encontraron, y no cesaban de hacerse preguntas, y lanzar exclamaciones, ponderando la extraña casualidad que los unía en tal sitio y ocasión.

—Pinzón... ¡tú por aquí!... pero ¿qué es esto? No sospechaba que estuvieras tan cerca...

—Yo oí decir que andabas por estas tierras, Pepe Rey; pero tampoco creí encontrarte en la horrible, en la salvaje Orbajosa.

—¡Pero qué casualidad feliz!... porque esta casualidad es felicísima, providencial... Pinzón, entre tú y yo vamos a hacer algo grande en este pobla-

---

49  *Por doquiera*: por todas partes.

cho.

—Y tendremos tiempo de meditarlo –repuso el otro sentándose en el lecho donde el ingeniero estaba acostado–, porque según parece viviremos los dos en esta pieza. ¿Qué demonios de casa es esta?

—Hombre, la de mi tía. Habla con más respeto. ¿No conoces a mi tía?... Pero voy a levantarme.

—Me alegro, porque con eso me acostaré yo, que bastante lo necesito... ¡Qué camino, amigo Pepe, qué camino y qué pueblo!

—Dime, ¿venís a pegar fuego a Orbajosa?

—¡Fuego!

—Dígolo porque yo tal vez os ayudaría.

—¡Qué pueblo!, pero ¡qué pueblo! –exclamó el militar tirando el chacó, poniendo a un lado espada y tahalí, cartera de viaje y capote–. Es la segunda vez que nos mandan aquí. Te juro que a la tercera pido la licencia absoluta.

—No hables mal de esta buena gente. ¡Pero qué a tiempo has venido! Parece que te manda Dios en mi ayuda, Pinzón... Tengo un proyecto terrible, una aventura, si quieres llamarla así, un plan, amigo mío... y me hubiera sido muy difícil salir adelante sin ti. Hace un momento me volvía loco cavilando y dije lleno de ansiedad: "Si yo tuviera aquí un amigo, un buen amigo...".

—Proyecto, plan, aventura... Una de dos, señor matemático, o es dar la dirección a los globos o es algo de amores...

—Es formal, muy formal. Acuéstate, duerme un poco, y después hablaremos.

—Me acostaré, pero no dormiré. Puedes contarme todo lo que quieras. Sólo te pido que hables lo menos posible de Orbajosa.

—Precisamente de Orbajosa quiero hablarte. ¿Pero tú también tienes antipatía a esa cuna de tantos varones insignes?

—Estos ajeros[50]... los llamamos los ajeros... pues digo que serán todo lo insignes que tú quieras; pero a mí me pican, como los frutos del país. Este es un pueblo dominado por gentes, que enseñan la desconfianza, la superstición y el aborrecimiento a todo el género humano. Cuando estemos despacio te contaré un sucedido... un lance mitad gracioso mitad terrible que me pasó aquí el año pasado... Cuando te lo cuente tú te reirás y yo echaré chispas de cólera... Pero en fin, lo pasado pasado.

—Lo que a mí me pasa no tiene nada de gracioso.

—Pero los motivos de mi aborrecimiento a este poblachón son diversos. Has de saber que aquí asesinaron a mi padre el 48 unos desalmados partidarios. Era brigadier y estaba fuera de servicio. Llamole el gobierno y pasaba por Villahorrenda para ir a Madrid cuando fue cogido por media docena de tunantes... Aquí hay varias dinastías de guerrilleros. Los Aceros, los Caballucos, los Pelomalos... un presidio suelto, como dijo quien sabía muy bien lo que decía.

---

50  *Ajeros*: los que cultivan ajos.

—Supongo que la venida de dos regimientos con alguna caballería no será por gusto de visitar estos amenos vergeles.

—¿Qué ha de ser? Venimos a recorrer el país. Hay muchos depósitos de armas. El Gobierno no se atreve a destituir a la mayor parte de los ayuntamientos sin desparramar algunas compañías por estos pueblos. Como hay tanta agitación facciosa en esta tierra; como dos provincias cercanas están ya infestadas, y como además este distrito municipal de Orbajosa tiene una historia tan brillante en todas las guerras civiles, hay temores de que los bravos de por aquí se echen a los caminos a saquear lo que encuentren.

—¡Buena precaución!... pero creo que mientras esta gente no perezca y vuelva a nacer, mientras hasta las piedras no muden de forma, no habrá paz en Orbajosa.

—Esa es también mi opinión –dijo el militar encendiendo un cigarrillo–. ¿No ves que los partidarios son la gente mimada en este país? A todos los que asolaron la comarca en 1848 y en otras épocas, o a falta de ellos a sus hijos, les encuentras colocados en los fielatos, en puertas, en el ayuntamiento, en la conducción del correo: los hay que son alguaciles, sacristanes, comisionados de apremios. Algunos se han hecho temibles caciques y son los que amasan las elecciones y tienen influjo en Madrid; reparten destinos... en fin, esto da grima.

—Dime, ¿y no se podrá esperar que los partidarios hagan alguna fechoría en estos días? Si así fuera, Vds. arrasarían el pueblo, y yo les ayudaría.

—Si en mí consistiera... Ellos harán de las suyas –dijo Pinzón– porque las facciones de las dos provincias cercanas crecen como una maldición de Dios. Y acá para entre los dos, amigo Rey, yo creo que esto va largo. Algunos se ríen y aseguran que no puede haber otra guerra civil como la pasada. No conocen el país, no conocen a Orbajosa y sus habitantes. Yo sostengo que esto que ahora empieza lleva larga cola, y que tendremos una nueva lucha cruel y sangrienta que durará lo que Dios quiera. ¿Qué opinas tú?

—Amigo Pinzón, en Madrid me reía yo de todos los que hablaban de la posibilidad de una guerra civil tan larga y terrible como la de siete años; pero ahora, después que estoy aquí...

—Es preciso engolfarse en estos países encantadores, ver de cerca esta gente y oírle dos palabras para saber de qué pie cojea[51].

—Pues sí... sin poderme explicar en qué fundo mis ideas, ello es que desde aquí veo las cosas de otra manera, y pienso en la posibilidad de largas y feroces guerras.

—Exactamente.

—Pero ahora más que la guerra pública me preocupa una privada en que estoy metido y que he declarado hace poco.

—¿Dijiste que esta es la casa de tu tía? ¿Cómo se llama?

—Doña Perfecta Rey de Polentinos.

---

51  *De qué pie cojea*: cuál es su debilidad.

—¡Ah! La conozco de nombre. Es una persona excelente, y la única de quien no he oído hablar mal a los ajeros. Cuando estuve aquí la otra vez, en todas partes oía ponderar su bondad, su caridad, sus virtudes.

—Sí; mi tía es muy bondadosa, muy amable –dijo Rey.

Después quedó pensativo breve rato.

—Pero ahora recuerdo... –exclamó de súbito Pinzón–. Ahora recuerdo... Cómo se van atando cabos... Sí, en Madrid me dijeron que te casabas con una prima. Todo está descubierto. ¿Es aquella linda y celestial Rosarito?...

—Amigo Pinzón, vamos a hablar detenidamente.

—Se me figura que hay contrariedades.

—Hay algo más. Hay luchas terribles. Se necesitan amigos poderosos, listos, de iniciativa, de gran experiencia en los lances difíciles, de gran astucia y valor.

—Hombre, eso es todavía más grave que un desafío.

—Mucho más grave. Se bate uno fácilmente con otro hombre. Con mujeres, con invisibles enemigos que trabajan en la sombra es imposible.

—Vamos: ya soy todo oídos.

El teniente coronel Pinzón descansaba cuan largo era sobre el lecho. Pepe Rey acercó una silla y apoyando en el mismo lecho el codo y en la mano la cabeza, empezó su conferencia, consulta, exposición de plan o lo que fuera, y habló larguísimo rato. Oíale Pinzón con curiosidad profunda y sin decir nada, salvo algunas preguntillas sueltas para pedir nuevos datos o la aclaración de alguna oscuridad. Cuando Rey concluyó, Pinzón estaba serio. Estirose en la cama, desperezándose con la placentera convulsión de quien no ha dormido en tres noches, y después dijo así:

—Tu plan es peliagudísimo [52], arriesgado y difícil.

—Pero no imposible.

—¡Oh!, no, que nada hay imposible en este mundo. Piénsalo bien.

—Ya lo he pensado.

—¿Y estás resuelto a llevarlo adelante? Mira que esas cosas ya no se estilan. Suelen salir mal, y no dejan bien parado a quien las hace.

—Estoy resuelto.

—Pues por mi parte aunque el asunto es arriesgado y grave, muy grave, estoy dispuesto a ayudarte en todo y por todo.

—¿Cuento contigo?

—Hasta morir.

---

52  *Peliagudísimo*: muy difícil.

# –XIX –

## *Combate terrible.– Estrategia.*

Los primeros fuegos no podían tardar. A la hora de la comida, después de ponerse de acuerdo con Pinzón respecto al plan convenido, cuya primera condición era que ambos amigos fingirían no conocerse, Pepe Rey fue al comedor. Allí encontró a su tía que acababa de llegar de la catedral, donde pasaba, según su costumbre toda la mañana. Estaba sola y parecía hondamente preocupada. El ingeniero observó que sobre aquel semblante pálido y marmóreo, no exento de cierta hermosura, se proyectaba la misteriosa sombra de un celaje. Al mirar recobraba la claridad siniestra; pero miraba poco, y después de una rápida observación del rostro de su sobrino, el de la bondadosa dama se ponía otra vez en su estudiada penumbra.

Aguardaban en silencio la comida. No esperaron a D. Cayetano, porque este había ido a Mundo Grande. Cuando empezaron a comer, doña Perfecta dijo:

—Y ese caballero, ese militarote que nos ha regalado hoy el Gobierno, ¿no viene a comer?

—Parece tener más sueño que hambre –repuso el ingeniero sin mirar a su tía.

—¿Le conoces tú?

—No le he visto en mi vida.

—Pues estamos divertidos con los huéspedes que nos manda el Gobierno. Aquí tenemos nuestras camas y nuestra comida para cuando a esos perdidos de Madrid se les antoje disponer de ellas.

—Es que hay temores de que se levanten partidas –dijo Pepe Rey sintiendo que una centella corría por todos sus miembros– y el Gobierno está decidido a aplastar a los orbajosenses, a aplastarlos, a hacerlos polvo.

—Hombre, para, para por Dios, no nos pulverices –exclamó la señora con sarcasmo–. ¡Pobrecitos de nosotros! Ten piedad, hombre, y deja vivir a estas infelices criaturas. Y qué ¿serás tú de los que ayuden a la tropa en la grandiosa obra de nuestro aplastamiento?

—Yo no soy militar. No haré más que aplaudir cuando vea extirpados para siempre los gérmenes de guerra civil, de insubordinación, de discordia, de behetría, de bandolerismo y de barbarie que existen aquí para vergüenza de nuestra época y de nuestro país.

—Todo sea por Dios.

—Orbajosa, querida tía, casi no tiene más que ajos y bandidos, porque bandidos son los que en nombre de una idea política o religiosa, se lanzan a correr aventuras cada cuatro o cinco años.

—Gracias, gracias, querido sobrino –dijo doña Perfecta palideciendo–. ¿Con que Orbajosa no tiene más que eso? Algo más habrá aquí, algo más que tú no tienes y que has venido a buscar entre nosotros.

Rey sintió el bofetón. Su alma se quemaba. Érale muy difícil guardar a su tía las consideraciones que por sexo, estado y posición merecía. Hallábase en el disparadero de la violencia, y un ímpetu irresistible le empujaba, lanzándole contra su interlocutora.

—Yo he venido a Orbajosa –dijo– porque Vd. me mandó llamar; Vd. concertó con mi padre...

—Sí, sí es verdad –repuso la señora interrumpiéndole vivamente, y procurando recobrar su habitual dulzura–. No lo niego. Aquí el verdadero culpable he sido yo. Yo tengo la culpa de tu aburrimiento, de los desaires que nos haces, de todo lo desagradable que en mi casa ocurre con motivo de tu venida.

—Me alegro de que Vd. lo conozca.

—En cambio tú eres un santo. ¿Será preciso también que me ponga de rodillas ante tu graciosidad y te pida perdón?...

—Señora –dijo Pepe Rey gravemente dejando de comer– ruego a Vd. que no se burle de mí de una manera tan despiadada. Yo no puedo ponerme en ese terreno... No he dicho más sino que vine a Orbajosa llamado por Vd.

—Y es cierto. Tu padre y yo concertamos que te casaras con Rosario. Viniste a conocerla. Yo te acepté desde luego como hijo... Tú aparentaste amar a Rosario...

—Perdóneme Vd. –objetó Pepe–. Yo amaba y amo a Rosario; Vd. aparentó aceptarme por hijo; Vd., recibiéndome con engañosa cordialidad, empleó desde el primer momento todas las artes de la astucia para contrariarme y estorbar el cumplimiento de las promesas hechas a mi padre; Vd. se propuso desde el primer día desesperarme, aburrirme y con los labios llenos de sonrisas y de palabras cariñosas, me ha estado matando, achicharrándome a fuego lento; Vd. ha lanzado contra mí en la oscuridad y a mansalva un enjambre de pleitos; Vd. me ha destituido del cargo oficial que traje a Orbajosa; Vd. me ha desprestigiado en la ciudad; Vd. me ha expulsado de la catedral; Vd. me ha tenido en constante ausencia de la escogida de mi corazón; Vd. ha mortificado a su hija con un encierro inquisitorial, que le hará perder la vida, si Dios no pone su mano en ello.

Doña Perfecta se puso como la grana. Pero aquella viva llamarada de su orgullo ofendido y de su pensamiento descubierto pasó rápidamente dejándola pálida y verdosa. Sus labios temblaban. Arrojando el cubierto con que comía, se levantó de súbito. El sobrino se levantó también.

—¡Dios mío, Santa Virgen del Socorro! —exclamó la señora llevándose ambas manos a la cabeza y comprimiéndosela según el ademán propio de la desesperación—. ¿Es posible que yo merezca tan atroces insultos? Pepe, hijo mío, ¿eres tú el que habla?... Si he hecho lo que dices, en verdad que soy muy pecadora.

Dejose caer en el sofá y se cubrió el rostro con las manos. Pepe, acercándose lentamente a ella, observó el angustioso sollozar de su tía y las lágrimas que abundantemente derramaba. A pesar de su convicción no pudo vencer el ligero enternecimiento que se apoderó de él, y sintiéndose cobarde, experimentó cierta pena por lo mucho y fuerte que había dicho.

—Querida tía —indicó poniéndole la mano en el hombro—. Si me contesta Vd. con lágrimas y suspiros, me conmoverá pero no me convencerá. Razones y no sentimientos me hacen falta. Hábleme Vd., dígame serenamente que me equivoco al pensar lo que pienso, pruébemelo después, y reconoceré mi error.

—Déjame. Tú no eres hijo de mi hermano. Si lo fueras no me insultarías como me has insultado. ¿Con que yo soy una intrigante, una comedianta, una harpía hipócrita, una diplomática de enredos caseros?...

Al decir esto, la señora había descubierto su rostro y contemplaba a su sobrino con expresión beatífica. Pepe estaba perplejo. Las lágrimas, así como la dulce voz de la hermana de su padre, no podían ser fenómenos insignificantes para el alma del matemático. Las palabras le retozaban en la boca para pedir perdón. Hombre de gran energía por lo común, cualquier accidente de sensibilidad, cualquier agente que obrase sobre su corazón, le trocaba de súbito en niño. Achaques de matemático. Dicen que Newton era también así.

—Yo quiero darte las razones que pides —dijo doña Perfecta, indicando al sobrino que se sentase junto a ella—. Yo quiero desagraviarte. Para que veas si soy buena, si soy indulgente, si soy humilde... ¿Crees que te contradiré, que negaré en absoluto los hechos de que me has acusado?... pues no, no los niego.

El ingeniero se quedó asombrado.

—No los niego —prosiguió la señora—. Lo que niego es la dañada intención que les atribuyes. ¿Con qué derecho te metes a juzgar lo que no conoces sino por indicios y conjeturas? ¿Tienes tú la suprema inteligencia que se necesita para juzgar de plano las acciones de los demás y dar sentencia sobre ellas? ¿Eres Dios para conocer las intenciones?

Pepe se asombró más.

—¿No es lícito emplear alguna vez en la vida medios indirectos para conseguir un fin bueno y honrado? ¿Con qué derecho juzgas acciones mías que no comprendes bien? Yo, querido sobrino, ostentando una sinceridad que tú no mereces, te confieso que sí, que efectivamente me he valido de subterfugios para conseguir un fin bueno, para conseguir lo que al mismo tiempo era beneficioso para ti y para mi hija... ¿No comprendes? Parece que estás lelo... ¡Ah! ¡Tu gran entendimiento de matemático y de filósofo alemán no es capaz de penetrar estas sutilezas de una madre prudente!

—Es que me asombro más y más cada vez –dijo el ingeniero.

—Asómbrate todo lo que quieras; pero confiesa tu barbaridad –manifestó la dama, aumentando en bríos–, reconoce tu ligereza y brutal comportamiento conmigo, al acusarme como lo has hecho. Eres un mozalbete sin experiencia ni otro saber que el de los libros, que nada enseñan del mundo ni del corazón. Tú de nada entiendes, más que de hacer caminos y muelles. ¡Ay!, señorito mío. En el corazón humano no se entra por los túneles de los ferro--carriles, ni se baja a sus hondos abismos por los pozos de las minas. No se lee en la conciencia ajena con los microscopios de los naturalistas, ni se decide la culpabilidad del prójimo, nivelando las ideas con teodolito.

—¡Por Dios querida tía!...

—¿Para qué nombras a Dios sino crees en él? –dijo doña Perfecta, con solemne acento–. Si creyeras en él, si fueras buen cristiano, no aventurarías pérfidos juicios sobre mi conducta. Yo soy una mujer piadosa, ¿entiendes? Yo tengo mi conciencia tranquila, ¿entiendes? Yo sé lo que hago y por qué lo hago, ¿entiendes?

—Entiendo, entiendo, entiendo.

—Dios, en quien tú no crees, ve lo que tú no ves ni puedes ver, las intenciones. Y no te digo más; no quiero entrar en explicaciones largas porque no lo necesito. Tampoco me entenderías si te dijera que deseaba alcanzar mi objeto sin escándalo, sin ofender a tu padre, sin ofenderte a ti, sin dar que hablar a las gentes con una negativa explícita... Nada de esto te diré, porque tampoco lo entenderás, Pepe. Eres matemático. Ves lo que tienes delante y nada más; la naturaleza brutal y nada más; rayas, ángulos, pesos y nada más. Ves el efecto y no la causa. El que no cree en Dios no ve causas. Dios es la suprema intención del mundo. El que le desconoce, necesariamente ha de juzgar de todo como juzgas tú, a lo tonto. Por ejemplo, en la tempestad no ve más que destrucción; en el incendio estragos, en la sequía miseria, en los terremotos desolación, y sin embargo, orgulloso señorito, en todas esas aparentes calamidades, hay que buscar la bondad de la intención... sí señor, la intención siempre buena de quien no puede hacer nada malo.

Esta embrollada, sutil y mística dialéctica no convenció a Rey; pero no quiso seguir a su tía por la áspera senda de tales argumentaciones, y sencillamente dijo:

—Bueno; yo respeto las intenciones...

—Ahora que pareces reconocer tu error –prosiguió la piadosa señora, cada vez más valiente–, te haré otra confesión, y es que voy comprendiendo que hice mal en adoptar tal sistema, aunque mi objeto era inmejorable. Dado tu carácter arrebatado, dada tu incapacidad para comprenderme, debí abordar la cuestión de frente y decirte: "sobrino mío, no quiero que seas esposo de mi hija".

—Ese es el lenguaje que debió emplear Vd. conmigo desde el primer día –repuso el ingeniero, respirando con desahogo, como quien se ve libre de enorme peso–. Agradezco mucho a Vd. esas palabras, querida tía. Después de ser acuchillado en las tinieblas, ese bofetón a la luz del día me complace mucho.

—Pues te repito el bofetón, sobrino –afirmó la señora con tanta energía como displicencia–. Ya lo sabes. No quiero que te cases con Rosario.

Pepe calló. Hubo una larga pausa, durante la cual uno y otro estuvieron mirándose fija y atentamente, cual si la cara de cada uno fuese para el contrario la más perfecta obra del arte.

—¿No entiendes lo que te he dicho? –repitió ella–. Que se acabó todo, que no hay boda.

—Permítame Vd. querida tía –dijo el joven, con entereza– que no me aterre con la intimación. En el estado a que han llegado las cosas, la negativa de Vd. es de escaso valor para mí.

—¿Qué dices? –gritó fulminante doña Perfecta.

—Lo que Vd. oye. Me casaré con Rosario.

Doña Perfecta se levantó indignada, majestuosa, terrible. Su actitud era la del anatema hecho mujer. Rey permaneció sentado, sereno, valiente, con el valor pasivo de una creencia profunda y de una resolución inquebrantable. El desplome de toda la iracundia de su tía que le amenazaba no le hizo pestañear. Él era así.

—Eres un loco. ¡Casarte tú con mi hija, casarte tú con ella, no queriendo yo!...

Los labios trémulos de la señora articularon estas palabras con el verdadero acento de la tragedia.

—¡No queriendo Vd.!... Ella opina de distinto modo.

—¡No queriendo yo!... –repitió la dama–. Sí... y lo digo y lo repito: no quiero, no quiero.

—Ella y yo lo deseamos.

—Menguado: ¿acaso no hay en el mundo más que ella y tú? ¿No hay padres, no hay sociedad, no hay conciencia, no hay Dios?

—Porque hay sociedad, porque hay conciencia, porque hay Dios –afirmó gravemente Rey, levantándose y alzando el brazo y señalando al cielo–, digo y repito que me casaré con ella.

—¡Miserable, orgulloso! Y si todo lo atropellaras, ¿crees que no hay leyes para impedir tu violencia?

—Porque hay leyes, digo y repito que me casaré con ella.

—Nada respetas.

—No respeto nada que sea indigno de respeto.

—Y mi autoridad, y mi voluntad, yo... ¿yo no soy nada?

—Para mí su hija de Vd. es todo: lo demás nada.

La entereza de Pepe Rey era como los alardes de una fuerza incontrastable, con perfecta conciencia de sí misma. Daba golpes secos, contundentes, sin atenuación de ningún género. Sus palabras parecían, si es permitida la comparación, una artillería despiadada.

Doña Perfecta cayó de nuevo en el sofá; pero no lloraba, y una convulsión nerviosa agitaba sus miembros.

—¿De modo que para este ateo infame –exclamó con franca rabia– no hay conveniencias sociales, no hay nada más que un capricho? Eso es una avaricia indigna. Mi hija es rica.

—Si piensa Vd. herirme con ese arma sutil, tergiversando la cuestión e interpretando torcidamente mis sentimientos, para lastimar mi dignidad, se equivoca Vd., querida tía. Llámeme Vd. avaro. Dios sabe lo que soy.

—No tienes dignidad.

—Esa es una opinión como otra cualquiera. El mundo podrá tenerla a Vd. en olor de infalibilidad [53]. Yo no. Estoy muy lejos de creer que las sentencias de Vd. no tengan apelación ante Dios.

—¿Pero es cierto lo que dices?... ¿Pero insistes después de mi negativa?... Tú lo atropellas todo, eres un monstruo, un bandido.

—Soy un hombre.

—¡Un miserable! Acabemos: yo te niego a mi hija, yo te la niego.

—¡Pues yo la tomaré! No tomo más que lo que es mío.

—Quítate de mi presencia –exclamó la señora, levantándose de súbito–. Fatuo, ¿crees que mi hija se acuerda de ti?

—Me ama, lo mismo que yo a ella.

—¡Mentira, mentira!

—Ella misma me lo ha dicho. Dispénseme Vd. si en esta cuestión doy más fe a la opinión de ella que a la de su mamá.

—¿Cuándo te lo ha dicho, si no la has visto en muchos días?

—La he visto anoche y me ha jurado ante el Cristo de la capilla que sería mi mujer.

—¡Oh escándalo y libertinaje!... ¿Pero qué es esto? ¡Dios mío, qué deshonra! –exclamó doña Perfecta comprimiéndose otra vez con ambas manos la cabeza y dando algunos pasos por la habitación–. ¿Rosario salió anoche de

---

53  *En olor de infalibilidad*: con fama de infalible, que no se equivoca.

su cuarto?...

—Salió para verme. Ya era tiempo.

—¡Qué vil conducta la tuya! Has procedido como los ladrones, has procedido como los seductores adocenados.

—He procedido según la escuela de Vd. Mi intención era buena.

—¡Y ella bajó!... ¡Ah!, lo sospechaba. Esta mañana al amanecer la sorprendí vestida en su cuarto. Díjome que había salido no sé a qué... El verdadero criminal eres tú, tú... Esto es una deshonra. Pepe, Pepe, esperaba todo de ti, menos tan grande ultraje... Todo acabó. Márchate. Ya no existes para mí. Te perdono, con tal de que te vayas... No diré una palabra de esto a tu padre... ¡Qué horrible egoísmo! No, no hay amor en ti. Tú no amas a mi hija.

—Dios sabe que la adoro, y me basta.

—No pongas a Dios en tus labios, blasfemo, y calla. En nombre de Dios, a quien puedo invocar porque creo en él, te digo que mi hija no será jamás tu mujer. Mi hija se salvará, Pepe, mi hija no puede ser condenada en vida al infierno, porque infierno es la unión contigo.

—Rosario será mi esposa –repitió Pepe Rey con patética calma.

Irritábase más la piadosa señora con la energía serena de su sobrino. Con voz entrecortada habló así:

—No creas que me amedrantan tus amenazas. Sé lo que digo. Pues qué, ¿se puede atropellar un hogar, una familia, se puede atropellar la autoridad humana y divina?

—Yo lo atropellaré todo –dijo el ingeniero empezando a perder su calma y expresándose con alguna agitación.

—¡Lo atropellarás todo! ¡Ah! Bien se ve que eres un bárbaro, un salvaje, un hombre que vive de la violencia.

—No, querida tía. Soy manso, recto, honrado y enemigo de violencias; pero entre Vd. y yo, entre Vd. que es la ley y yo que soy el destinado a acatarla, está una pobre criatura atormentada, un ángel de Dios sujeto a inicuos martirios. Este espectáculo, esta injusticia, esta violencia inaudita es la que convierte mi rectitud en barbarie, mi razón en fuerza, mi honradez en violencia parecida a la de los asesinos y ladrones; este espectáculo, señora mía, es lo que me impulsa a no respetar la ley de V., lo que me impulsa a pasar sobre ella, atropellándolo todo. Esto que parece desatino es una ley ineludible. Hago lo que hacen las sociedades, cuando una brutalidad tan ilógica como irritante se opone a su marcha. Pasan por encima y todo lo destrozan con feroz acometida. Tal soy yo en este momento: yo mismo no me conozco. Era razonable y soy un bruto, era respetuoso y soy insolente, era culto y me encuentro salvaje. Usted me ha traído a este horrible extremo, irritándome y apartándome del camino del bien por donde tranquilamente iba. ¿De quién es la culpa, mía o de Vd.?

—¡Tuya, tuya!

—Ni Vd. ni yo lo podemos resolver. Creo que ambos carecemos de razón. En Vd. violencia e injusticia, en mí injusticia y violencia. Hemos venido a ser tan bárbaro el uno como el otro, y luchamos y nos herimos sin compasión. Dios lo permite así. Mi sangre caerá sobre la conciencia de Vd., la de Vd. caerá sobre la mía. Basta ya, señora. No quiero molestar a Vd. con palabras inútiles. Ahora entraremos en los hechos.

—¡En los hechos, bien! –dijo doña Perfecta más bien rugiendo que hablando–. No creas que en Orbajosa falta guardia civil.

—Adiós, señora. Me retiro de esta casa. Creo que nos volveremos a ver.

—Vete, vete, vete ya –gritó ella señalando la puerta con enérgico ademán.

Pepe Rey salió. Doña Perfecta después de pronunciar algunas palabras incoherentes que eran la más clara expresión de su ira, cayó en un sillón con muestras de cansancio o de ataque nervioso. Acudieron las criadas.

—Que vayan a llamar al Sr. D. Inocencio! –gritó–. Al instante... ¡pronto!... ¡que venga!

Después mordió el pañuelo.

## – XX –

## *Rumores.– Temores.*

Al día siguiente de esta disputa lamentable, corrieron por toda Orbajosa de casa en casa, de círculo en círculo, desde el Casino a la botica, y desde el paseo de las Descalzas a la puerta de Baidejos, rumores varios sobre Pepe Rey y su conducta. Todo el mundo los repetía, y los comentarios iban siendo tantos, que si D. Cayetano los recogiese y compilase, formaría con ellos un rico *Thesaurum*[54] de la benevolencia orbajosense [55].

En medio de la diversidad de especies que corrían, había conformidad en algunos puntos culminantes, uno de los cuales era el siguiente:

Que el ingeniero, enfurecido porque doña Perfecta se negaba a casar a Rosarito con un ateo, había *alzado la mano*[56] a su tía.

Estaba viviendo el joven en la posada de la viuda de Cuzco, establecimiento *montado* [57] como ahora se dice, no a la altura, sino a la bajeza de los más primorosos atrasos del país. Visitábale con frecuencia el teniente coronel Pinzón, para ponerse de acuerdo respecto al enredo que entre manos traían, y para cuyo eficaz desempeño mostraba el soldado felices disposiciones. Ideaba a cada instante nuevas travesuras y artimañas, apresurándose a llevarlas del pensamiento a la obra con excelente humor, si bien solía decir a su amigo:

—El papel que estoy haciendo, querido Pepe, no se debe contar entre los más airosos; pero por dar un disgusto a Orbajosa y su gente, andaría yo a cuatro pies.

No sabemos qué sutiles trazas empleó el ladino militar, maestro en ardides del mundo, pero lo cierto es que a los tres días de alojamiento había logrado hacerse muy simpático en la casa. Agradaba su trato a doña Perfecta, que no podía oír sin emoción sus zalameras alabanzas del buen porte de la casa, de la grandeza, piedad y magnificencia augusta de la señora. Con D. Inocencio estaba a partir un confite. Ni la madre ni el Penitenciario le estorbaban que hablase a Rosario (a quien se dio libertad después de la ausencia del feroz primo); y con sus cortesanías alambicadas, su hábil lisonja y destreza su-

---

54  *Thesaurum*: tesoro, empléase también para designar al diccionario de sinónimos
55  "orbajonese" en el original.
56  *Alzado la mano*: golpeado, pegado.
57  *Montado*: instalado.

ma, adquirió en la casa de Polentinos considerable auge y hasta familiaridad. Pero el objeto de todas sus artes era una doncella, que tenía por nombre Librada, a quien sedujo (castamente hablando) para que transportase recados y cartitas a la Rosario, fingiéndose enamorado de esta. No resistió la muchacha al soborno, realizado con bonitas palabras y mucho dinero, porque ignoraba la procedencia de las esquelas y el verdadero sentido de tales líos; pues si llegara a entender que todo era una nueva diablura de D. José, aunque este le gustaba mucho, no hiciera traición a su señora por todo el dinero del mundo.

Estaban un día en la huerta doña Perfecta, Don Inocencio, Jacinto y Pinzón. Hablose de la tropa y de la misión que traía a Orbajosa, en cuyo tratado el Sr. Penitenciario halló tema para condenar la tiránica conducta del gobierno, y sin saber cómo nombraron a Pepe Rey.

—Todavía está en la posada –dijo el abogadillo–. Le he visto ayer, y me ha dado memorias para V., señora doña Perfecta.

—¿Hase visto mayor insolencia?... ¡Ah!, Sr. Pinzón, no extrañe V. que emplee este lenguaje, tratándose de un sobrino carnal... ya sabe V... aquel caballerito que se aposentaba en el cuarto que usted ocupa.

—¡Sí, ya lo sé! No le trato; pero le conozco de vista y de fama. Es amigo íntimo de nuestro brigadier.

—¿Amigo íntimo del brigadier?

—Sí, señora, del que manda la brigada que ha venido a este país, y que se ha repartido entre diferentes pueblos.

—¿Y dónde está? –preguntó con interés sumo la dama.

—En Orbajosa.

—Creo que se aposenta en casa de Polavieja –indicó Jacinto.

—Su sobrino de V. –continuó Pinzón–, y el brigadier Batalla son íntimos amigos, se quieren entrañablemente, y a todas horas se les ve juntos por las calles del pueblo.

—Pues, amiguito, mala idea formo de ese señor jefe –repuso doña Perfecta.

—Es un... es un infeliz –dijo Pinzón en el tono propio de quien por respeto no se atreve a aplicar una calificación dura.

—Mejorando lo presente, Sr. Pinzón, y haciendo una salvedad honrosísima en honor de V. –afirmó doña Perfecta–, no puede negarse que en el ejército español hay cada tipo...

—Nuestro brigadier era un excelente militar antes de darse al espiritismo...

—¡Al espiritismo!

—¡Esa secta que llama a los fantasmas y duendes por medio de las patas de las mesas!... –exclamó el canónigo riendo.

—Por curiosidad, sólo por curiosidad –dijo Jacintillo con énfasis–, he encargado a Madrid la obra de Allan Kardec. Bueno es enterarse de todo.

—¿Pero es posible que tales disparates...? ¡Jesús! Dígame V., Pinzón, ¿mi sobrino también es de esa secta de pie de banco[58]?

—Me parece que él fue quien catequizó a nuestro bravo brigadier Batalla.

—¡Pero, Jesús!

—Eso es; y cuando se le antoje –dijo D. Inocencio sin poder contener la risa–, hablará con Sócrates, San Pablo, Cervantes y Descartes, como hablo yo ahora con Librada para pedirle un fosforito. ¡Pobre señor de Rey! Bien dije yo que aquella cabeza no estaba buena.

—Por lo demás –continuó Pinzón–, nuestro brigadier es un buen militar. Si de algo peca es de excesivamente duro. Toma tan al pie de la letra [59] las órdenes del gobierno, que si le contrarían mucho aquí, será capaz de no dejar piedra sobre piedra en Orbajosa. Sí, les prevengo a Vds. que estén con cuidado.

—Pero ese monstruo nos va a cortar la cabeza a todos. ¡Ay! Sr. D. Inocencio, estas visitas de la tropa me recuerdan lo que he leído en la vida de los mártires, cuando se presentaba un procónsul romano en un pueblo de cristianos...

—No deja de ser exacta la comparación –dijo el Penitenciario mirando al militar por encima de las gafas.

—Es un poco triste; pero siendo verdad, debe decirse –manifestó Pinzón con benevolencia–. Ahora, señores míos, están Vds. a merced de nosotros.

—Las autoridades del país –objetó Jacinto–, funcionan aún perfectamente.

—Creo que se equivoca Vd. –repuso el soldado, cuya fisonomía observaban con profundo interés la señora y el Penitenciario–. Hace una hora ha sido destituido el alcalde de Orbajosa.

—¿Por el Gobernador de la provincia?

—El gobernador de la provincia ha sido sustituido por un delegado del Gobierno que debió llegar esta mañana. Los ayuntamientos todos cesarán hoy. Así lo ha mandado el Ministro, porque temía, no sé con qué motivo, que no prestaban apoyo a la autoridad central.

—Bien, bien estamos –murmuró el canónigo, frunciendo el ceño y echando adelante el labio inferior.

Doña Perfecta meditaba.

—También han sido quitados algunos jueces de primera instancia, entre ellos el de Orbajosa.

—¡El juez! ¡Periquito!... ¿Ya no es juez Periquito? –exclamó doña Perfecta con voz y gesto parecida [60] a los de las personas que tienen la desgracia de ser picadas por una víbora.

—Ya no es juez de Orbajosa el que lo era ayer –manifestó Pinzón–. Mañana llega el nuevo.

—¡Un desconocido!

58  *De pie de banco*: disparatada.
59  *Al pie de la letra*: literalmente, con seguridad y rigor.
60  "parecida" sic en el original, en vez de "parecidos".

—¡Un desconocido!

—Un tunante quizás... ¡El otro era tan honrado!... –dijo la señora con zozobra–. Jamás le pedí cosa alguna, que al punto no me concediera. ¿Sabe usted quién será el alcalde nuevo?

—Dicen que viene un corregidor.

—Vamos, diga Vd. de una vez que viene el Diluvio, y acabaremos –manifestó el canónigo levantándose.

—¿De modo que estamos a merced del señor brigadier?

—Por algunos días, ni más ni menos. No se enfaden Vds. conmigo. A pesar de mi uniforme, me desagrada el militarismo; pero nos mandan pegar... y pegamos. No puede haber oficio más canalla que el nuestro.

—Sí que lo es, sí que lo es –dijo la señora disimulando mal su furor–. Ya que Vd. lo ha confesado... Con que ni alcalde, ni juez...

—Ni gobernador de la provincia.

—Vamos; que nos quiten también al señor Obispo y nos manden un monaguillo en su lugar.

—Es lo que falta... Si aquí les dejan hacerlo –murmuró D. Inocencio, bajando los ojos–, no se pararán en pelillos [61].

—Y todo es porque se teme el levantamiento de partidas en Orbajosa –exclamó la señora cruzando las manos y agitándolas de arriba abajo desde la barba a las rodillas–. Francamente, Pinzón, no sé cómo no se levantan hasta las piedras. No le deseo mal ninguno a V.; pero lo justo sería que el agua que beben Vds. se les convirtiera en lodo... ¿Dijo usted que mi sobrino es íntimo amigo del brigadier?

—Tan íntimo que no se separan en todo el día; fueron compañeros de colegio. Batalla le quiere como un hermano, y le complace en todo. En su lugar de Vd., señora, yo no estaría tranquilo.

—¡Oh! ¡Dios mío! ¡Temo un atropello!... –exclamó ella muy desasosegada.

—Señora –afirmó el canónigo con energía–. Antes que consentir un atropello en esta honrada casa, antes que consentir el menor vejamen hecho a esta nobilísima familia, yo... mi sobrino... ¿qué digo?, los vecinos todos de Orbajosa...

Don Inocencio no concluyó. Su cólera era tan viva, que se le trababan las palabras en la boca. Dio algunos pasos marciales y después se volvió a sentar.

—Me parece que no son vanos esos temores –dijo Pinzón–. En caso necesario, yo...

—Y yo... –repitió Jacinto.

Doña Perfecta había fijado los ojos en la puerta vidriera del comedor, tras la cual dejose ver una graciosa figura. Mirándola, parecía que en el semblante de la señora se ennegrecían más las sombrías nubes del temor.

—Rosario, pasa aquí, Rosario –dijo saliendo a su encuentro–. Se me fi-

---

61  *Pararse en pelillos*: detenerse en cosas sin importancia.

gura que tienes hoy mejor cara y estás más alegre, sí... ¿No les parece a ustedes que Rosario tiene mejor cara? Si parece otra.

Todos convinieron en que tenía retratada en su semblante la más viva felicidad.

# – XXI –

## *Desperta ferro*

Por aquellos días publicaron los periódicos de Madrid las siguientes noticias:

"No es cierto que en los alrededores de Orbajosa se haya levantado partida alguna. Nos escriben de aquella localidad que el país está tan poco dispuesto a aventuras, que se considera inútil en aquel punto la presencia de la brigada Batalla".

"Dícese que la brigada Batalla saldrá de Orbajosa, porque no hacen falta allí fuerzas del ejército, e irá a Villajuán de Nahara, donde han aparecido algunas partidas".

"Ya es seguro que los Aceros recorren con algunos jinetes el término de Villajuán, próximo al distrito judicial de Orbajosa. El gobernador de la provincia de X... ha telegrafiado al gobierno, diciendo que Francisco Acero entró en las Roquetas, donde cobró un semestre y pidió raciones. Domingo Acero (Faltriquera) vagaba por la sierra del Jubileo, activamente perseguido por la Guardia civil, que le mató un hombre y aprehendió a otro. Bartolomé Acero fue el que quemó el registro civil de Lugarnoble, llevándose en rehenes al alcalde y a dos de los principales propietarios".

"En Orbajosa reina tranquilidad completa, según carta que tenemos a la vista, y allí no piensan más que en trabajar el campo para la próxima cosecha de ajos, que promete ser magnífica. Los distritos inmediatos sí están infestados de partidas; pero la brigada Batalla dará buena cuenta de ellas".

En efecto, Orbajosa estaba tranquila.– Los Aceros, aquella dinastía guerrera, merecedora, según algunas gentes, de figurar en el Romancero, había tomado por su cuenta la provincia cercana, pero la insurrección no cundía en el término de la ciudad episcopal. Creeríase que la cultura moderna había al fin vencido en su lucha con las levantiscas costumbres de la gran behetría, y que esta saboreaba las delicias de una paz duradera. Y esto es tan cierto, que el mismo Caballuco, una de las figuras más caracterizadas de la rebeldía histórica de Orbajosa, decía claramente a todo el mundo que él no quería *reñir con el gobierno*, ni *meterse en danzas*, que podían costarle caras.

Dígase lo que se quiera, el arrebatado carácter de Ramos había tomado asiento con los años, enfriándose un poco la fogosidad que con la existencia recibiera de los Caballucos padres y abuelos, la mejor casta de guerreros que ha asolado la tierra. Cuéntase además que por aquellos días el nuevo gobernador de la provincia *celebró una conferencia* con este importante personaje, *oyendo de sus labios las mayores seguridades* de contribuir al reposo público y evitar toda ocasión de disturbios. Aseguran fieles testigos que se le veía en amor y compaña con los militares, partiendo un piñón con este o el otro sargento en la taberna, y hasta se dijo que le iban a dar un buen destino en el Ayuntamiento de la capital de la provincia. ¡Oh cuán difícil es para el historiador, que presume de imparcial, depurar la verdad en esto de las opiniones y pensamientos de los insignes personajes que han llenado el mundo con su nombre! No sabe uno a qué atenerse, y la falta de datos ciertos da origen a lamentables equivocaciones. En presencia de hechos tan culminantes como la jornada de Brumario, como el saco de Roma por Borbón, como la ruina de Jerusalén, ¿qué psicólogo, ni qué historiador podrá determinar los pensamientos que les precedieron o les siguieron en la cabeza de Bonaparte, Carlos V y Tito? ¡Responsabilidad inmensa la nuestra! Para librarnos en parte de ella, refiramos palabras, frases y aun discursos del mismo emperador orbajosense, y de este modo cada cual formará la opinión que le parezca más acertada.

No cabe duda alguna de que Cristóbal Ramos salió, ya anochecido, de su casa, y atravesando por la calle del Condestable vio tres labriegos que en sendas mulas venían en dirección contraria a la suya, y preguntándoles que a dó [62] caminaban, repusieron que a la casa de la señora doña Perfecta, a llevarle varias primicias de frutos de las huertas y algún dinero de las rentas vencidas. Eran, el Sr. Pasolargo, un mozo a quien llamaban Frasquito González, y el tercero, de mediana edad y recia complexión, recibía el nombre de Vejarruco, aunque el suyo verdadero era José Esteban Romero. Volvió atrás Caballuco, solicitado por la buena compañía de aquella gente con quien tenía franca y antigua amistad, y entró con ellos en casa de la señora. Esto ocurría según los más verosímiles datos, al anochecer y dos días después de aquel en que doña Perfecta y Pinzón hablaron lo que en el anterior capítulo ha podido ver quien lo ha leído.

Entretúvose el gran Ramos dando a Librada ciertos recados de poca importancia que una vecina confiara a su buena memoria, y cuando entró en el comedor, ya los tres labriegos antes mencionados y el Sr. Licurgo, que asimismo por singular coincidencia estaba presente, habían entablado conversación sobre asuntos de la cosecha y de la casa. La señora tenía un humor endiablado; a todo ponía faltas, y reprendíales ásperamente por la sequía del cielo y la

---

62	*A dó*: apócope de "a dónde".

infecundidad de la tierra, fenómenos de que ellos, los pobrecitos no tenían la culpa. Presenciaba la escena el Sr. Penitenciario. Cuando entró Caballuco, saludole afectuosamente el buen canónigo, señalándole un asiento a su lado.

—Aquí está el personaje –dijo la señora con desdén–. ¡Parece mentira que se hable tanto de un hombre de tan poco valer! Dime, Caballuco, ¿es verdad que te han dado de bofetadas unos soldados esta mañana?

—¡A mí! ¡A mí!

Diciendo esto el Centauro se levantó indignado cual si recibiera el más grosero insulto.

—Así lo han dicho –añadió la señora–. ¿No es verdad? Yo lo creí, porque quien en tan poco se tiene[63]... Te escupirán y tú te creerás honrado con la saliva de los militares.

—¡Señora! –vociferó Ramos con energía–. Salvo el respeto que debo a Vd., que es mi madre, más que mi madre, mi señora, mi reina... pues digo que salvo el respeto que debo a la persona que me ha dado todo lo que tengo... salvo el respeto...

—¿Qué?... Parece que vas a decir mucho y no dices nada.

—Pues digo, que salvo el respeto, eso de la bofetada es una calumnia –añadió expresándose con extraordinaria dificultad–. Todos hablan de mí, que si entro o si salgo, que si voy, que si vengo... Y todo ¿por qué? Porque quieren tomarme por figurón para que revuelva el país. Bien está Pedro en su casa, señoras y caballeros. ¿Que ha venido la tropa?... malo es; pero ¿qué le vamos a hacer?... ¿Que han quitado al alcalde y al secretario y al juez?... malo es; yo quisiera que se levantaran contra ellos las piedras de Orbajosa; pero di mi palabra al gobernador, y hasta ahora yo...

Rascose la cabeza, frunció el adusto ceño y con lengua cada vez más torpe, prosiguió así:

—Yo seré bruto, pesado, ignorante, querencioso, testarudo y todo lo que quieran; pero a caballero no me gana nadie.

—Lástima de Cid Campeador –dijo con el mayor desprecio doña Perfecta–. ¿No cree Vd., como yo, señor Penitenciario, que en Orbajosa no hay ya un solo hombre que tenga vergüenza?

—Grave opinión es esa –repuso el capitular, sin mirar a su amiga ni apartar de su barba la mano en que apoyaba el meditabundo rostro–. Pero se me figura que este vecindario ha aceptado con excesiva sumisión el pesado yugo del militarismo.

Licurgo y los tres labradores reían con toda su alma.

—Cuando los soldados y las autoridades nuevas –dijo la señora–, nos hayan llevado el último real, después de deshonrado el pueblo, enviaremos a Madrid, en una urna cristalina, a todos los valientes de Orbajosa para que los pongan en el Museo o los enseñen por las calles.

—¡Viva la señora! –exclamó con vivo ademán el que llamaban Vejarru-

---

63 *Quien en tan poco se tiene*: quien se valora tan poco.

co–. Lo que ha parlado es como el oro. No se dirá por mí que no hay valientes, pues no estoy con los Aceros, por aquello de que tiene uno tres hijos y mujer y puede suceder cualquier estropicio; que si no...

—¿Pero, tú no has dado tu palabra al gobernador? –le preguntó con amarga sonrisa la señora.

—¡Al Gobernador! –exclamó el nombrado Frasquito González–. No hay en todo el país tunante que más merezca un tiro. Gobernador y Gobierno todos son lo mismo. El cura nos predicó el domingo tantas cosas altisonantes sobre las herejías y ofensas a la religión que hacen en Madrid... ¡Oh! Había que oírle... Al fin dio muchos gritos en el púlpito, diciendo que la religión ya no tenía defensores.

—Aquí está el gran Cristóbal Ramos –dijo la señora dando fuerte palmada en el hombro del Centauro–. Monta a caballo; se pasea en la plaza y en el camino real para llamar la atención de los soldados; venle estos, se espantan de la fiera catadura del héroe, y echan todos a correr muertos de miedo.

La señora terminó su frase con una risa exagerada que se hacía más chocante por el profundo silencio de los que la oían. Caballuco estaba pálido.

—Sr. Pasolargo –continuó la dama poniéndose seria–, esta noche, cuando vaya Vd. a su casa, mándeme acá a su hijo Bartolomé para que se quede aquí. Necesito tener buena gente en casa; y aun así, bien podrá suceder que el mejor día amanezcamos mi hija y yo asesinadas.

—¡Señora! –exclamaron todos.

—¡Señora! –gritó Caballuco levantándose–. ¿Eso es broma o qué es?

—Sr. Vejarruco, Sr. Pasolargo –continuó la señora sin mirar al bravo de la localidad–, no estoy segura en mi casa. Ningún vecino de Orbajosa lo está, y menos yo. Vivo con el alma en un hilo. No puedo pegar los ojos en toda la noche.

—Pero ¿quién, quién se atreverá?...

—Vamos –exclamó Licurgo con ardor–, que yo, viejo y enfermo, seré capaz de batirme con todo el ejército español si tocan el pelo de la ropa a la señora...

—Con el Sr. Caballuco –dijo Frasquito González–, basta y sobra.

—¡Oh!, no –repuso doña Perfecta con cruel sarcasmo–. ¿No ven ustedes que Ramos ha dado su palabra al gobernador?...

Caballuco se volvió a sentar; y poniendo una pierna sobre otra, cruzó las manos sobre ellas.

—Me basta un cobarde –añadió implacablemente el ama–, con tal que no haya dado palabras. Quizás pase yo por el trance de ver asaltada mi casa, de ver que me arrancan de los brazos a mi querida hija, de verme atropellada e insultada del modo más infame...

No pudo continuar. La voz se ahogó en su garganta, y rompió a llorar desconsoladamente.

—¡Señora, por Dios, cálmese Vd.!... Vamos... no hay motivo todavía... —dijo precipitadamente y con semblante y voz de aflicción suma D. Inocencio—. También es preciso un poquito de resignación para soportar las calamidades que Dios nos envía.

—¿Pero quién... señora? ¿Quién se atreverá a tales vituperios? —preguntó uno de los cuatro—. Orbajosa toda se pondría sobre un pie para defender a la señora.

—Pero ¿quién, quién?... —repitieron todos.

—Vaya, no la molesten Vds. con preguntas importunas —dijo con oficiosidad el Penitenciario—. Pueden retirarse.

—No, no, que se queden —manifestó vivamente la señora secando sus lágrimas—. La compañía de mis buenos servidores es para mí un gran consuelo.

—Maldita sea mi casta —dijo el tío Lucas dándose un puñetazo en la rodilla—, si todos estos gatuperios no son obra del mismísimo sobrino de la señora.

—¿Del hijo de D. Juan Rey?

—Desde que le vi en la estación de Villahorrenda y me habló con su voz melosilla y sus mimos de hombre cortesano —manifestó Licurgo—, le tuve por un grandísimo... no quiero acabar por respeto a la señora... Pero yo le conocí... le señalé desde aquel día, y yo no me equivoco. Sé muy bien, como dijo el otro, que por el hilo se saca el ovillo, por la muestra se conoce el paño y por la uña el león.

—No se hable mal en mi presencia de ese desdichado joven —dijo la de Polentinos severamente—. Por grandes que sean sus faltas, la caridad nos prohíbe hablar de ellas y darles publicidad.

—Pero la caridad —manifestó D. Inocencio, con cierta energía— no nos impide precavernos contra los malos; y de eso se trata. Ya que han decaído tanto los caracteres y el valor en la desdichada Orbajosa; ya que este pueblo parece dispuesto a poner la cara para que escupan en ella cuatro soldados y un cabo, busquemos alguna defensa uniéndonos.

—Yo me defenderé como pueda —dijo con resignación y cruzando las manos doña Perfecta—. ¡Hágase la voluntad del Señor!

—Tanto ruido para nada... ¡Por vida de...! ¡En esta casa son de la piel del miedo!... —exclamó Caballuco entre serio y festivo—. No parece sino que el tal don Pepito es una *región* (léase legión) de demonios. No se asuste Vd., señora mía. Mi sobrinillo Juan, que tiene trece años, guardará la casa, y veremos, sobrino por sobrino, quién puede más.

—Ya sabemos todos lo que significan tus guapezas y valentías —replicó la dama—. ¡Pobre Ramos, quieres echártela de bravucón cuando ya se ha visto que no sirves para nada!

Ramos palideció ligeramente, fijando en la señora una mirada singular en que se confundía con el espanto el respeto.

—Sí, hombre, no me mires así. Ya sabes que no me asusto de fantasmones. ¿Quieres que te hable de una vez con claridad? Pues eres un cobarde.

Ramos, moviéndose como el que siente en diversas partes de su cuerpo molestas picazones, demostraba gran desasosiego. Su nariz expelía y recogía el aire como la de un caballo. Dentro de aquel corpachón combatía consigo misma por echarse fuera rugiendo y destrozando una tormenta, una pasión, una barbaridad. Después de modular a medias algunas palabras, mascando otras, levantose y bramó de esta manera:

—¡Le cortaré la cabeza al Sr. de Rey!!

—¡Qué desatino! Eres tan bruto como cobarde –dijo la señora palideciendo–. ¿Qué hablas ahí de matar, si yo no quiero me maten a nadie y mucho menos a mi sobrino, persona a quien amo a pesar de sus maldades?

—¡El homicidio! ¡Qué atrocidad! –exclamó el señor D. Inocencio escandalizado–. Este hombre está loco.

—¡Matar!... La idea tan sólo de un homicidio me horroriza, Caballuco –dijo la señora cerrando los dulces ojos–. ¡Pobre hombre! Desde que has querido mostrar valentía, has aullado como un lobo carnicero. Vete de aquí Ramos; me causas espanto.

—¿No dice la señora que tiene miedo? ¿No dice que atropellarán la casa, que robarán a la niña?

—Sí, lo temo.

—Y eso lo ha de hacer un solo hombre –dijo Ramos con desprecio, volviendo a sentarse–. Eso lo ha de hacer el D. Pepe Poquita Cosa con sus matemáticas. Hice mal en decirle que le rebanaría el pescuezo. A un muñeco de ese estambre se le coge de una oreja y se le echa de remojo en el río.

—Sí, ríete ahora, bestia. No es mi sobrino solo quien ha de cometer todos esos desafueros que has mencionado y que yo temo; pues si fuese él solo no le temería. Mandaría a Librada que se pusiera en la puerta con una escoba... bastaría... No es él solo, no.

—¿Pues quién?

—Hazte el borrico. ¡No sabes tú que mi sobrino y el brigadier que manda esa condenada tropa se han confabulado...!

—¡Confabulado! –exclamó Caballuco demostrando no entender la palabra.

—Que están de compinche –dijo el tío Licurgo–. Fabulearse quiere decir estar de compinche. Ya me barruntaba yo lo que dice la señora.

—Todo se reduce a que el brigadier y los oficiales son uña y carne de D. José, y lo que él quiera lo quieren esos soldadotes [64], y esos soldadotes harán toda clase de atropellos y barbaridades, porque ese es su oficio.

—Y ahora no tenemos alcalde que nos ampare.

—Ni juez.

---

64 *Soldadote*: despectivo de "soldado", se dice también de persona brusca.

—Ni gobernador. Es decir, que estamos a merced de esa infame gentuza.

—Ayer –dijo Vejarruco– unos soldados se llevaron engañada a la hija más chica del tío Julián, y la pobre no se atrevió a volver a su casa; mas la encontraron llorando y descalza junto a la fuentecilla vieja, recogiendo los pedazos de la cántara rota.

—¡Pobre D. Gregorio Palomeque, el escribano de Naharilla Alta! –dijo Frasquito González–. Estos tunantes le robaron todo el dinero que tenía en su casa. Pero el brigadier, cuando se lo contaron, contestó que era mentira.

—Tiranos, más tiranos no nacieron de madre –manifestó el otro–. ¡Cuando digo que por punto no estoy yo también con los Aceros...!

—¿Y qué se sabe de Francisco Acero? –preguntó mansamente doña Perfecta–. Sentiría que le ocurriera algún percance. Dígame Vd., D. Inocencio: ¿Francisco Acero, no nació en Orbajosa?

—No señora: él y su hermano son de Villajuán.

—Lo siento por Orbajosa –dijo doña Perfecta–. Esta pobre ciudad ha entrado en desgracia. ¿Sabe usted si Francisco Acero dio palabra al gobernador de no molestar a los pobres soldaditos en sus robos de doncellas, en sus irreligiosidades, en sus sacrilegios, en sus infames felonías?

Caballuco dio un salto. Ya no se sentía punzado, sino herido por feroz sablazo. Encendido el rostro y con los ojos llenos de fuego, gritó de este modo:

—¡Yo di mi palabra al gobernador, porque el gobernador me dijo que venían con buen fin!

—Bárbaro, no grites. Habla como la gente y te escucharemos.

—Yo prometí que ni yo, ni ninguno de mis amigos levantaríamos partidas en tierra de Orbajosa... A todo el que ha querido salir porque le retozaba la guerra en el cuerpo, le he dicho: *vete con los Aceros que aquí no nos movemos*... Pero tengo mucha gente honrada, sí señora, y buena, sí señora, y valiente, sí señora, que está desperdigada por los caseríos y las aldeas y los arrabales y los montes, cada uno en su casa, ¿eh? Y en cuanto yo les diga la mitad de media palabra ¿eh?, ya están todos descolgando las escopetas, ¿eh?, y echando a correr a caballo o a pie para ir a donde yo les mande... Y no me anden con gramáticas, que yo si di mi palabra, fue porque la di, y si no salgo es porque no quiero salir, y si quiero que haya partidas las habrá; y si no quiero, no: porque yo soy quien soy, el mismo hombre de siempre, bien lo saben todos... Y digo otra vez que no vengan con gramáticas ¿estamos...?[65], y que no me digan las cosas al revés ¿estamos...?, y si quieren que salga me lo declaren con toda la boca abierta ¿estamos...?, porque para eso nos ha dado Dios la lengua, para decir esto y aquello. Bien sabe la señora quién soy, así como bien sé yo que le debo la camisa que me pongo, y el pan que como hoy, y el primer garbanzo que chupé cuando me despecharon, y la caja en que enterraron a mi padre cuando murió, y las medicinas y el médico que me sanaron cuando estuve enfermo; y bien sabe la señora que si ella me dice: "Caba-

---

65  *¿Estamos?*: quiere decir ¿estamos de acuerdo?

lluco, rómpete la cabeza", voy a aquel rincón y contra la pared me la rompo; bien sabe la señora que si ahora dice ella que es de día, yo, aunque vea la noche, creeré que me equivoco y que es claro día; bien sabe la señora que ella y su hacienda son antes que mi vida, y que si delante de mí la pica un mosquito, le perdono porque es mosquito; bien sabe la señora que la quiero más que a cuanto hay debajo del sol... A un hombre de tanto corazón se le dice: "Caballuco, so animal [66], haz esto o lo otro", y basta de ritólicas [67] y mete y saca de palabrejas y sermoncillos al revés y pincha por aquí y pellizca por allá.

—Vamos, hombre, sosiégate –dijo doña Perfecta con bondad–. Te has sofocado como aquellos oradores republicanos que venían a predicar aquí la religión libre, el amor libre y no sé cuántas cosas libres... Que te traigan un vaso de agua.

Caballuco hizo con el pañuelo una especie de rodilla [68], apretado envoltorio o más bien pelota, y se lo paseó por la ancha frente y cogote para limpiarse ambas partes, cubiertas de sudor. Trajéronle un vaso de agua, y el Sr. Canónigo con una mansedumbre que cuadraba perfectamente a su carácter sacerdotal, lo tomó de manos de la criada para presentárselo y sostener el plato mientras bebía. El agua se escurría por el gaznate de Caballuco, produciendo un claqueteo sonoro.

—Ahora tráigame Vd. otro a mí, señora Librada –dijo D. Inocencio–. También tengo un poco de fuego dentro.

---

66   *So animal*: pedazo de animal. "So" se usa para enfatizar un adjetivo despectivo.
67   *Ritólicas*: vulgarismo por "retóricas".
68   *Rodilla*: paño basto y ordinario que se usa para limpiar

# – XXI –

## *¡Desperta!*

—Respecto a lo de las partidas –dijo doña Perfecta cuando concluyeron de beber–, sólo te digo que hagas lo que tu conciencia te dicte.

—Yo no entiendo de dictados –repuso el Centauro–. Haré lo que sea del gusto de la señora.

—Pues yo no te aconsejaré nada en asunto tan grave –repuso ella con la circunspección y comedimiento que tan bien le sentaban–. Eso es muy grave, gravísimo, y yo no puedo aconsejarte nada.

—Pero el parecer de Vd...

—Mi parecer es que abras los ojos y veas, que abras los oídos y oigas... Consulta tu corazón... yo te concedo que tienes un gran corazón... Consulta a ese juez, a ese consejero que tanto sabe, y haz lo que él te mande.

Caballuco meditó, pensó todo lo que puede pensar una espada.

—Los de Naharilla Alta –dijo Vejarruco– nos contamos ayer y éramos trece, propios para cualquier cosita mayor... Pero como temíamos que la señora se enfadara, no hicimos nada. Es tiempo ya de trasquilar.

—No te preocupes de la trasquila –dijo la señora–. Tiempo hay. No se dejará de hacer por eso.

—Mis dos muchachos –manifestó Licurgo– riñeron ayer el uno con el otro, porque uno quería irse con Francisco Acero y el otro no. Yo les dije: "Despacio, hijos míos, que todo se andará. Esperad, que tan buen pan hacen aquí como en Francia".

—Anoche me dijo Roque Pelomalo –manifestó el tío Pasolargo–, que en cuanto el Sr. Ramos dijera tanto así, ya estaban todos con las armas en la mano. ¡Qué lástima que los dos hermanos Burguillos se hayan ido a labrar las tierras de Lugarnoble!

—Vaya Vd. a buscarlos –dijo el ama vivamente–. Sr. Lucas, proporció-nele Vd. un caballo al tío Pasolargo.

—Yo, si la señora me lo manda, y el Sr. Ramos también –dijo Frasquito González–, iré a Villahorrenda a ver si Robustiano, el guarda de montes, y su hermano Pedro quieren también...

—Me parece buena idea. Robustiano no se atreve a venir a Orbajosa porque me debe un piquillo[69]. Puedes decirle que le perdono los seis duros y medio... Esta pobre gente, que tan generosamente sabe sacrificarse por una buena idea, se contenta con tan poco... ¿No es verdad, Sr. D. Inocencio?

—Aquí nuestro buen Ramos –repuso el canónigo–, me dice que sus amigos están descontentos con él por su tibieza; pero que en cuanto le vean determinado se pondrán todos la canana[70] al cinto.

—Pero qué, ¿estás determinado a echarte a la calle? –dijo la señora–. No te he aconsejado yo tal cosa, y si lo haces es por tu voluntad. Tampoco el Sr. D. Inocencio te habrá dicho una palabra en este sentido. Pero cuando tú lo decides así, razones muy poderosas tendrás... Dime, Cristóbal, ¿quieres cenar?, ¿quieres tomar algo...?, con franqueza...

—En cuanto a que yo aconseje al Sr. Ramos que se eche al campo –dijo D. Inocencio mirando por encima de los cristales de sus anteojos–, razón tiene la señora. Yo, como sacerdote, no puedo aconsejar tal cosa. Sé que algunos lo hacen, y aun toman las armas; pero esto me parece impropio, muy impropio, y no seré yo quien les imite. Llevo mi escrupulosidad hasta el extremo de no decir una palabra al Sr. Ramos sobre la peliaguda cuestión de su levantamiento en armas. Yo sé que Orbajosa lo desea; sé que le bendecirán todos los habitantes de esta noble ciudad; sé que vamos a tener aquí hazañas dignas de pasar a la historia; pero, sin embargo, permítaseme un discreto silencio.

—Está muy bien dicho –añadió doña Perfecta–. No me gusta que los sacerdotes se mezclen en tales asuntos. Un clérigo ilustrado debe conducirse de este modo. Bien sabemos que en circunstancias solemnes y graves, por ejemplo, cuando peligran la patria y la fe, están los sacerdotes en su terreno incitando a los hombres a la lucha y aun figurando en ella. Pues que Dios mismo ha tomado parte en célebres batallas, bajo la forma aparente de ángeles o santos, bien pueden sus ministros hacerlo. Durante la guerra contra los infieles, ¿cuántos obispos acaudillaron las tropas castellanas?

—Muchos, y algunos fueron insignes guerreros. Pero estos tiempos no son aquellos, señora. Verdad es que si vamos a mirar atentamente las cosas, la fe peligra ahora más que antes... ¿Pues qué representan esos ejércitos que ocupan nuestra ciudad y pueblos inmediatos?, ¿qué representan? ¿Son otra cosa más que el infame instrumento de que se valen para sus pérfidas conquistas y el exterminio de las creencias, los ateos y protestantes de que está infestado Madrid?... Bien lo sabemos todos. En aquel centro de corrupción, de escándalo, de irreligiosidad y descreimiento, unos cuantos hombres malignos, comprados por el oro extranjero, se emplean en destruir en nuestra España la semilla de la fe... Pues ¿qué creen Vds.? Nos dejan a nosotros decir misa y a Vds. oírla por un resto de consideración, por vergüenza... pero el mejor día...

69  *Piquillo*: diminutivo de "pico", en este caso de dinero.
70  *Canana*: sobrecinto de cuero o lona con tubos o presillas para llevar cartuchos

Por mi parte, estoy tranquilo. Soy un hombre que no se apura por ningún interés temporal y mundano. Bien lo sabe la señora doña Perfecta, bien lo saben todos los que me conocen. Estoy tranquilo y no me asusta el triunfo de los malvados. Sé muy bien que nos aguardan días terribles; que cuantos vestimos el hábito sacerdotal tenemos la vida pendiente de un cabello, porque España, no lo duden Vds., presenciará escenas como aquellas de la Revolución francesa en que perecieron miles de sacerdotes piadosísimos en un mismo día... Mas no me apuro. Cuando toquen a degollar presentaré mi cuello: ya he vivido bastante. ¿Para qué sirvo yo? Para nada, para nada, para nada.

—Comido de perros me vea yo —exclamó Vejarruco mostrando el puño, no menos duro y fuerte que un martillo—, si no acabamos pronto con toda esa canalla ladrona.

—Dicen que la semana que viene comienza el derribo de la catedral —indicó Frasquito González.

—Supongo que la derribarán con picos y martillos —dijo el canónigo sonriendo—. Hay artífices que no tienen esas herramientas, y sin embargo adelantan más edificando. Bien saben Vds. que, según tradición piadosa, nuestra hermosa capilla del Sagrario fue derribada por los moros en un mes y reedificada en seguida por los ángeles en una sola noche... Dejarles, dejarles que derriben.

—En Madrid, según nos contó la otra noche el cura de Naharilla —dijo Vejarruco—, ya quedan tan pocas iglesias, que algunos curas dicen misa en medio de la calle, y como les aporrean y les dicen injurias y también les escupen, muchos no la quieren decir.

—Felizmente aquí, hijos míos —manifestó Don Inocencio—, no hemos tenido aún escenas de esa naturaleza. ¿Por qué? Porque saben qué clase de gente sois; porque tienen noticia de vuestra piedad ardiente y de vuestro valor... No le arriendo la ganancia [71] a los primeros que pongan la mano en nuestros sacerdotes, y en nuestro culto... Por supuesto, dicho se está que si no se les ataja a tiempo, harán diabluras. ¡Pobre España, tan santa y tan humilde y tan buena! ¡Quién había de decir que llegaría a estos apurados extremos!... Pero yo sostengo que la impiedad no triunfará, no señor. Todavía hay gente valerosa, todavía hay gente de aquella de antaño, ¿no es verdad, Sr. Ramos?

—Todavía la hay, sí señor —repuso el Centauro.

—Yo tengo una fe ciega en el triunfo de la ley de Dios. Alguno ha de salir en defensa de ella. Si no son unos, serán otros. La palma de la victoria y con ella la gloria eterna, alguien se la ha de llevar. Los malvados perecerán, si no hoy, mañana. Aquel que va contra la ley de Dios caerá, no hay remedio. Sea de esta manera, sea de la otra, ello es que ha de caer. No le salvan ni sus argucias, ni sus escondites, ni sus artimañas. La mano de Dios está alzada sobre él y le herirá sin falta. Tengámosle compasión y deseemos su arrepentimiento... En cuanto a vosotros, hijos míos, no esperéis que os diga una pala-

---

71 *No le arriendo la ganancia*: no le garantizo éxito.

bra sobre el paso que seguramente vais a dar. Sé que sois buenos, sé que vuestra determinación generosa y el noble fin que os guía lavan toda mancha pecaminosa que por causa del derramamiento de sangre pudierais recibir; sé que Dios os bendice, que vuestra victoria, lo mismo que vuestra muerte, os sublimarán a los ojos de los hombres y a los de Dios; sé que se os deben palmas y alabanzas y toda suerte de honores; pero a pesar de esto, hijos míos queridos, mi labio [72] no os incitará a la pelea. No lo he hecho nunca, ni lo hago ahora. Obrad con arreglo al ímpetu de vuestro noble corazón. Si él os manda que os estéis en vuestras casas, estaos en ellas; si él os manda que salgáis, salid en buen hora. Me resigno a ser mártir y a inclinar mi cuello ante el verdugo, si esa miserable tropa continúa aquí. Pero si un impulso hidalgo y ardiente y pío de los hijos de Orbajosa, contribuye a la grande obra de la extirpación de las desventuras patrias, me tendré por el más dichoso de los hombres, sólo con ser paisano vuestro; y toda mi vida de estudios, de santidad, de penitencia, de resignación, no me parecerá tan meritoria para aspirar al cielo, como un día solo de vuestro heroísmo.

—¡No se puede decir más y mejor! –exclamó doña Perfecta arrebatada de entusiasmo.

Caballuco se había inclinado hacia adelante en su asiento, poniendo los codos sobre las rodillas. Cuando el canónigo acabó de hablar, tomole la mano y se la besó con ardiente fervor.

—Hombre mejor no ha nacido de madre– dijo el tío Licurgo enjugando o haciendo que enjugaba una lágrima.

—¡Que viva el Sr. Penitenciario! –gritó Frasquito González poniéndose en pie y arrojando hacia el techo su gorra.

—Silencio –dijo la señora–. Siéntate Frasquito. Tú eres de los de mucho ruido y pocas nueces...

—¡Bendito sea Dios, que le dio a Vd. ese pico de oro [73]! –exclamó Cristóbal inflamado de admiración–. ¡Qué dos personas tengo delante! Mientras vivan las dos, ¿para qué se quiere más mundo?... Toda la gente de España debiera ser así... pero ¡cómo ha de ser así si no hay más que pillería! En Madrid, que es la corte de donde vienen leyes y mandarines, todo es latrocinio y farsa. ¡Pobre religión, cómo la han puesto!... No se ven más que pecados... Señora doña Perfecta, Sr. D. Inocencio, por el alma de mi padre, por el alma de mi abuelo, por la salvación de la mía, juro que deseo morir...

—¡Morir!

—Que me maten esos perros tunantes; y digo que me maten, porque yo no puedo descuartizarlos a ellos. Soy muy chico.

—Ramos, eres grande –dijo solemnemente la señora.

—¿Grande, grande?... Grandísimo por el corazón; pero ¿tengo yo plazas fuertes, tengo caballería, tengo artillería?

—Esa es una cosa, Ramos –dijo doña Perfecta sonriendo–, de que yo me

72  *Mi labio*: metafóricamente, mi voz, mis palabras
73  *Pico de oro*: facilidad de palabra.

ocuparía muy poco. ¿No tiene el enemigo lo que a ti te hace falta?

—Sí.

—Pues quítaselo...

—Se lo quitaremos, sí señora. Cuando digo que se lo quitaremos...

—Querido Ramos –exclamó D. Inocencio–. Envidiable posición es la de Vd... ¡Destacarse, elevarse sobre la vil muchedumbre, ponerse al igual de los mayores héroes del mundo... poder decir que la mano de Dios guía su mano!... ¡Oh qué grandeza y honor! Amigo mío, no es lisonja. ¡Qué apostura, qué gentileza, qué gallardía!... No, hombres de tal temple no pueden morir. El Señor va con ellos, y la bala y hierro enemigos detiénense... no se atreven... ¿qué se han de atrever viniendo de cañón y de manos de herejes?... Querido Caballuco, al ver a Vd., al ver su bizarría y caballerosidad, vienen a mi memoria, sin poderlo remediar, los versos de aquel romance de la conquista del imperio de Trapisonda:

> Llegó el valiente Roldán
> de todas armas armado,
> en el fuerte Briador
> su poderoso caballo,
> y la fuerte Durlindana
> muy bien ceñida a su lado,
> la lanza como una entena,
> el fuerte escudo embrazado...
> Por la visera del yelmo
> fuego venía lanzando;
> retemblando con la lanza
> como un junco muy delgado,
> y a toda la hueste junta
> fieramente amenazando.

—Muy bien –exclamó el tío Licurgo batiendo palmas–. Y yo digo como D. Reinaldos:

> ¡Nadie en D. Renialdos [74] toque
> si quiere ser bien librado!
> Quien otra cosa quisiese
> él será tan bien pagado
> que todo el resto del mundo
> no se escape de mi mano
> sin quedar pedazos hecho
> o muy bien escarmentado.

---

74 "Renialdos" sic en el original, en vez de "Reinaldos".

—Ramos, tú querrás cenar; tú querrás tomar algo ¿no es verdad? —dijo la señora.

—Nada, nada —repuso el Centauro—, denme si acaso un plato de pólvora.

Diciendo esto soltó estrepitosa carcajada, dio varios paseos por la habitación, observado atentamente por todos, y deteniéndose luego junto al grupo, fijó los ojos en doña Perfecta y con atronadora voz profirió estas palabras:

—Digo que no hay más que decir. ¡Viva Orbajosa, muera Madrid!

Descargó la mano sobre la mesa, con tal fuerza que retembló el piso de la casa.

—¡Qué poderoso brío! —exclamó D. Inocencio.

—Vaya que tienes unos puños...

Todos contemplaban la mesa que se había partido en dos pedazos.

Fijaban luego los ojos en el nunca bastante admirado Renialdos [75] o Caballuco. Indudablemente había en su semblante hermoso, en sus ojos verdes animados por extraño resplandor felino, en su negra cabellera, en su cuerpo hercúleo, cierta expresión y aire de grandeza, un resabio o más bien recuerdo de las grandes razas que dominaron al mundo. Pero su aspecto general era el de una degeneración lastimosa, y costaba trabajo encontrar la filiación noble y heroica en la brutalidad presente. Se parecía a los grandes hombres de D. Cayetano, como se parece el mulo al caballo.

---

75   "Renialdos" sic en el original, en vez de "Reinaldos".

# – XXII –

## *Misterio*

Después de lo que hemos referido, duró mucho la conferencia; pero omitimos lo restante por no ser indispensable para la buena inteligencia de esta relación. Retiráronse al fin, quedando para lo último, como de costumbre, el Sr. D. Inocencio. No habían tenido tiempo aún la señora y el canónigo de cambiar dos palabras, cuando entró en el comedor una criada de edad y mucha confianza que era el brazo derecho de doña Perfecta, y como esta la viera inquieta y turbada, llenose también de turbación, sospechando que algo malo en la casa ocurría.

—No encuentro a la señorita por ninguna parte –dijo la criada respondiendo a las preguntas de la señora.

—¡Jesús!... ¡Rosario!... ¿dónde está mi hija?

—¡Válgame la Virgen del Socorro! –gritó el Penitenciario, tomando el sombrero y disponiéndose a correr tras la señora.

—Buscadla bien... Librada... Librada... Pero ¿no estaba contigo en su cuarto?

—Sí, señora –repuso temblando la criada vieja–, pero el demonio me tentó y me quedé dormida.

—Maldito sea tu sueño... Jesús mío... ¿qué es esto? Rosario, Rosario... Librada.

Subieron, bajaron, tornaron a bajar y a subir, llevando luz y registrando todas las piezas. Por último oyose la voz del Penitenciario en la escalera:

—Aquí está, aquí está –decía con júbilo–. Ya pareció.

Un instante después la madre y la hija se encontraban la una frente a la otra en la galería alta.

—¿Dónde estabas? –preguntó con severo acento doña Perfecta examinando el rostro de su hija.

—En la huerta –repuso la niña más muerta que viva.

—¿En la huerta a estas horas? ¡Rosario, Rosario!...

—Tenía calor, me asomé a la ventana, se me cayó el pañuelo y bajé a buscarlo.

—¿Por qué no dijiste a Librada que te lo alcanzase?... ¡Librada!... ¿Dónde está esa muchacha? ¿Se ha dormido también?

Librada apareció al fin. Su semblante pálido indicaba la consternación y el recelo del delincuente.

—¿Qué es esto? ¿Dónde estabas? –preguntó con terrible enojo la dama.

—Pues señora... bajé a buscar la ropa que está en el cuarto de la calle... y me quedé dormida.

—Todas duermen aquí esta noche. Me parece que alguno no dormirá en mi casa mañana. Rosario, puedes retirarte.

Comprendiendo que era indispensable proceder con prontitud y energía, la señora y el canónigo emprendieron sin tardanza sus investigaciones. Preguntas, amenazas, ruegos, promesas fueron empleadas con habilidad suma para inquirir la verdad de lo acontecido. No resultó ni sombra de culpabilidad en la criada anciana; pero Librada confesó de plano entre lloros y suspiros todas sus bellaquerías que sintetizamos del modo siguiente:

Poco después de alojarse en la casa, el Sr. Pinzón empezó a hacer cocos[76] a la señorita Rosario. Dio dinero a Librada, según ésta dice, para tenerla por mensajera de recados y amorosas esquelas. La señorita no se mostró enojada sino antes bien gozosa, y pasaron algunos días de esta manera. Por último, la sirvienta declara que aquella noche Rosario y el Sr. Pinzón habían concertado verse y hablarse en la ventana de la habitación de este último, que da a la huerta. Confiaron su pensamiento a la Librada, quien ofreció protegerlo mediante una cantidad que se le entregara en el acto. Según lo convenido, el Pinzón debía salir de la casa a la hora de costumbre y volver ocultamente a las nueve, y entrar en su cuarto, del cual y de la casa saldría también clandestinamente más tarde, para volver sin tapujos a la hora avanzada de costumbre. De este modo no podría sospecharse de él. La Librada aguardó al Pinzón, el cual entró muy envuelto en su capote sin hablar palabra. Metiose en su cuarto a punto que la señorita bajaba a la huerta. La Librada, mientras duró la entrevista, que no presenció, estuvo apostada en la galería, para avisar a Pinzón cualquier peligro que ocurriese; y al cabo de una hora salió como antes, muy bien cubierto con su capote y sin hablar una palabra.

Concluida la confesión, D. Inocencio preguntó a la desdichada:

—¿Estás segura de que el que entró y salió era el Sr. Pinzón?

La reo no contestó nada, y sus facciones indicaban gran perplejidad.

La señora se puso verde de ira.

—¿Tú le viste la cara?

—¿Pero quién podría ser sino él? –repuso la doncella–. Yo tengo la seguridad de que era él. Fue derecho a su cuarto... conocía muy bien el camino.

Es raro –dijo el canónigo–. Viviendo en la casa no necesitaba emplear ta-

---

76   *Hacer cocos*: halagar a alguien para convencerlo de hacer alguna cosa.

les tapujos... Podía haber pretextado una enfermedad y quedarse... ¿No es verdad, señora?

—Librada —exclamó esta con exaltación de ira—, te juro por Dios crucificado que irás a presidio.

Después cruzó las manos; clavose los dedos de la una en la otra con tanta fuerza, que casi se hizo sangre.

—Sr. D. Inocencio —exclamó—. Muramos... no hay más remedio que morir.

Después rompió a llorar desconsoladamente.

—Valor, señora mía —dijo el clérigo con acento patético—. Mucho valor... Ahora es preciso tenerlo grande. Esto requiere serenidad y gran corazón.

—El mío es inmenso —dijo entre sollozos la de Polentinos.

—El mío es pequeñito... —dijo el canónigo—, pero allá veremos.

# – XXIII –

## *La confesión*

Entretanto Rosario, con el corazón hecho pedazos, sin poder llorar, sin poder tener calma ni sosiego, traspasada por el frío acero de un dolor inmenso, con la mente pasando en veloz carrera del mundo a Dios y de Dios al mundo, aturdida y medio loca, estaba a altas horas de la noche en su cuarto, puesta de hinojos, cruzadas las manos, con los pies desnudos sobre el suelo, la ardiente sien apoyada en el borde del lecho, a oscuras, a solas, en silencio.

Cuidaba de no hacer el menor ruido, para no llamar la atención de su mamá, que dormía o aparentaba dormir en la habitación inmediata. Elevó al cielo su exaltado pensamiento en esta forma:

—Señor, Dios mío, ¿por qué antes no sabía mentir, y ahora sé? ¿Por qué antes no sabía disimular y ahora disimulo? ¿Soy una mujer infame?... Esto que siento y que a mí me pasa es la caída de las que no vuelven a levantarse... ¿He dejado de ser buena y honrada?... Yo no me conozco. ¿Soy yo misma o es otra la que está en este sitio?... ¡Qué de terribles cosas en tan pocos días! ¡Cuántas sensaciones diversas! ¡Mi corazón está consumido de tanto sentir!... Señor, Dios mío, ¿oyes mi voz, o estoy condenada a rezar eternamente sin ser oída?... Yo soy buena, nadie me convencerá de que no soy buena. Amar, amar muchísimo, ¿es acaso maldad?... Pero no... esto es una ilusión, un engaño. Soy más mala que las peores mujeres de la tierra. Dentro de mí una gran culebra me muerde y me envenena el corazón... ¿Qué es esto que siento? ¿Por qué no me matas, Dios mío? ¿Por qué no me hundes para siempre en el infierno?... Es espantoso, pero lo confieso, lo confieso a solas a Dios, que me oye, y lo confesaré ante el sacerdote. Aborrezco a mi madre. ¿En qué consiste esto? No puedo explicármelo. Él no me ha dicho una palabra en contra de mi madre. Yo no sé cómo ha venido esto... ¡Qué mala soy! Los demonios se han apoderado de mí. Señor, ven en mi auxilio, porque no puedo con mis propias fuerzas vencerme... Un impulso terrible me arroja de esta casa. Quiero huir, quiero correr fuera de aquí. Si él no me lleva, me iré tras él arrastrándome por los caminos... ¿Qué divina alegría es esta que dentro de mi pecho se confunde con tan amarga pena?... Señor, Dios y padre mío, ilumíname. Quiero amar tan sólo. Yo no nací para este rencor que me está devorando. Yo no nací para disimular, ni para mentir, ni para engañar. Mañana saldré a la calle, gritaré en medio de ella, y a todo el que pase le diré: *amo, aborrezco*... Mi corazón se desahogará de esta manera... ¡Qué dicha sería poder conciliarlo todo, amar y respetar a todo el mundo! La Virgen Santísima me favorezca... Otra vez la idea terrible. No lo quiero pensar, y lo pienso. No lo quiero sentir, y lo siento. ¡Ah!, no puedo engañarme sobre este particular. No puedo ni destruirlo ni atenuarlo... pero puedo confesarlo y lo confieso, diciéndote: Señor, que aborrezco a mi madre.

Al fin se aletargó. En su inseguro sueño la imaginación le reproducía todo lo que había hecho aquella noche, desfigurándolo sin alterarlo en su esencia. Oía el reloj de la catedral dando las nueve; veía con júbilo a la criada anciana durmiendo con beatífico sueño, y salía del cuarto muy despacito para no hacer ruido; bajaba la escalera tan suavemente, que no movía un pie hasta no estar segura de poder evitar el más ligero ruido. Salía a la huerta, dando una vuelta por el cuarto de las criadas y la cocina; en la huerta deteníase un momento para mirar al cielo, que estaba tachonado de estrellas. El viento callaba. Ningún ruido interrumpía el hondo sosiego de la noche. Parecía existir en ella una atención fija y silenciosa, propia de ojos que miran sin pestañear y oídos que acechan en la expectativa de un gran suceso... La noche observaba.

Acercábase después a la puerta–vidriera del comedor, y miraba con cautela a cierta distancia, temiendo que la vieran los de dentro. A la luz de la lámpara del comedor veía a su madre de espaldas. El Penitenciario estaba a la derecha y su perfil se descomponía de un modo extraño; crecíale la nariz, asemejándose al pico de un ave inverosímil, y toda su figura se tornaba en una recortada sombra negra y espesa, con ángulos aquí y allí, irrisoria, escueta y delgada. Enfrente estaba Caballuco, más semejante a un dragón que a un hombre. Rosario veía sus ojos verdes, como dos grandes linternas de convexos cristales. Aquel fulgor y la imponente figura del animal le infundían miedo. El tío Licurgo y los otros tres se le presentaban como figuritas grotescas. Ella había visto en alguna parte, sin duda en los muñecos de barro de las ferias, aquel reír estúpido, aquellos semblantes toscos y aquel mirar lelo. El dragón agitaba sus brazos; que en vez de accionar, daban vueltas como aspas de molino, y revolvía los globos verdes, tan semejantes a los fanales de una farmacia, de un lado para otro. Su mirar cegaba... La conversación parecía interesante. El Penitenciario agitaba las alas. Era una presumida avecilla que quería volar y no podía. Su pico se alargaba y se retorcía. Erizábansele las plumas con síntomas de furor, y después, recogiéndose y aplacándose, escondía la pelada cabeza bajo el ala. Luego, las figurillas de barro se agitaban queriendo ser personas, y Frasquito González se empeñaba en pasar por hombre.

Rosario sentía pavor inexplicable en presencia de aquel amistoso concurso. Alejábase de la vidriera y seguía adelante paso a paso, mirando a todos lados por si era observada. Sin ver a nadie, creía que un millón de ojos se fijaban en ella... Pero sus temores y su vergüenza disipábanse de improviso. En la ventana del cuarto donde habitaba el Sr. Pinzón aparecía un hombre azul; brillaban en su cuerpo los botones como sartas de lucecillas. Ella se acercaba. En el mismo instante sentía que unos brazos con galones la suspendían como una pluma, metiéndola con rápido movimiento dentro de la pieza. Todo cambiaba. De súbito, sonó un estampido, un golpe seco que estremeció la casa en sus cimientos. Ni uno ni otro supieron la causa de tal estrépito. Temblaban y callaban.

Era el momento en que el dragón había roto la mesa del comedor.

# – XXIV –

## *Sucesos imprevistos.– Pasajero desconcierto.*

La escena cambia. Ved una estancia hermosa, clara, humilde, alegre, cómoda y de un aseo sorprendente. Fina estera de junco cubre el piso, y las blan-
cas paredes se adornan con hermosas estampas de santos y algunas escultu-
ras de dudoso valor artístico. La antigua caoba de los muebles brilla lustrada
por los frotamientos del sábado, y el altar donde una pomposa Virgen de azul
y plata vestida recibe doméstico culto, se cubre de mil graciosas chucherías,
mitad sacras mitad profanas. Hay además cuadritos de mostacilla, pilas de
agua bendita, una relojera con *Agnus Dei*, una rizada palma de Domingo de
Ramos, y no pocos floreros de inodoras flores de trapo. Enorme estante de ro-
ble contiene una rica y escogida biblioteca, y allí está Horacio el epicúreo y
sibarita junto con el tierno Virgilio, en cuyos versos se ve palpitar y derretir-
se el corazón de la inflamada Dido; Ovidio el narigudo, tan sublime como
obsceno y adulador, junto con Marcial el tunante lenguaraz y conceptista; Ti-
bulo el apasionado, con Cicerón el grande; el severo Tito Livio, con el terrible Tácito, verdugo de los Césares; Lucrecio el panteísta; Juvenal, que con la
pluma desollaba; Plauto, el que imaginó las mejores comedias de la antigüedad dando vueltas a la rueda de un molino; Séneca el filósofo, de quien se dijo que el mejor acto de su vida fue su muerte; Quintiliano el retórico; Salus-
tio el pícaro, que tan bien habla de la virtud; ambos Plinios, Suetonio y
Varrón, en una palabra, todas las letras latinas, desde que balbucieron su primera palabra con Livio Andrónico, hasta que exhalaron su postrer suspiro
con Ruttilio.

Pero haciendo esta inútil, aunque rápida enumeración, no hemos observado que dos mujeres han entrado en el cuarto. Es muy temprano, pero
en Orbajosa se madruga mucho. Los pajaritos cantan que se las pelan [77] en
sus jaulas; tocan a misa las campanas de las iglesias, y hacen sonar sus alegres
esquilas las cabras que van a dejarse ordeñar a las puertas de las casas.

Las dos señoras que vemos en la habitación descrita vienen de oír su mi-

---

77  *Que se las pelan*: mucho, muy fuerte.

sa. Visten de negro, y cada cual trae en la mano derecha su librito de devoción y el rosario envuelto en los dedos.

—Tu tío no puede tardar ya —dijo una de ellas—, le dejamos empezando la misa; pero él despacha pronto, y a estas horas estará en la sacristía quitándose la casulla. Yo me hubiera quedado a oírle la misa, pero hoy es día de mucha fatiga para mí.

—Yo no he oído hoy más que la del señor magistral —dijo la otra—, la del señor magistral, que las dice en un suspiro, y aun creo que no me ha sido de provecho, porque estaba muy preocupada, sin poder apartar el entendimiento de estas cosas terribles que nos pasan.

—¡Cómo ha de ser!... Es preciso tener paciencia... Veremos lo que nos aconseja tu tío.

—¡Ay! —exclamó la segunda, exhalando un hondo suspiro—. Yo tengo la sangre abrasada.

—Dios nos amparará.

—¡Pensar que una persona como Vd., una señora como Vd. se ve amenazada por un...! Y él sigue en sus trece... Anoche, señora doña Perfecta, conforme Vd. me lo mandó, volví a la posada de la viuda del Cuzco, y he pedido nuevos informes. El D. Pepito y el brigadier Batalla están siempre juntos conferenciando... ¡ay Jesús Dios y Señor mío!... conferenciando sobre sus infernales planes y despachando botellas de vino. Son dos perdidos, dos borrachos... Sin duda discurren alguna maldad muy grande... Como me intereso tanto por Vd., anoche, estando yo en la posada, vi salir al D. Pepito, y le seguí...

—¿Y a dónde fue?

—Al Casino, sí señora, al Casino —repuso la otra turbándose ligeramente—. Después volvió a su casa. ¡Ay!, cuánto me reprendió mi tío por haber estado hasta muy tarde ocupada en este espionaje... pero no lo puedo remediar... ¡Jesús Divino, ampárame! No lo puedo remediar, y mirando a una persona como Vd. en trances tan peligrosos, me vuelvo loca... Nada, nada, señora, estoy viendo que a lo mejor esos tunantes asaltan la casa y nos llevan a Rosarito...

Doña Perfecta, pues era ella, fijando la vista en el suelo, meditó largo rato. Estaba pálida y ceñuda.

—Pues no veo el modo de impedirlo —indicó al fin.

—Yo sí le veo —dijo vivamente la otra, que era la sobrina del Penitenciario y madre de Jacinto—. Veo un medio muy sencillo, el que he manifestado a Vd. y no le gusta. ¡Ah!, señora mía, Vd. es demasiado buena. En ocasiones como esta, conviene ser un poco menos perfecta... dejar a un ladito[78] los escrúpulos. Pues qué, ¿se va a ofender Dios por eso?

—María Remedios —dijo la señora con altanería—, no digas desatinos.

—¡Desatinos!... Vd., con sus sabidurías, no podrá ponerle las peras a

---

78 *Ladito*: diminutivo de "lado". Dejar de lado, apartar.

cuarto [79] al sobrinejo [80]. ¿Qué cosa más sencilla que la que yo propongo? Puesto que ahora no hay justicia que nos ampare, hagamos nosotros la gran justiciada. ¿No hay en casa de usted hombres que sirvan para cualquier cosa? Pues llamarles y decirles: "Mira Caballuco, Pasolargo, o quien sea, esta noche te tapujas [81] bien, de modo que no seas conocido; llevas contigo a un amiguito de confianza y te pones detrás de la esquina de la calle de la Santa Faz. Aguardáis un rato, y cuando D. José Rey pase por la calle de la Tripería para ir al Casino, porque de seguro irá al Casino, ¿entendéis bien?, cuando pase, ¡le salís al encuentro de repente y le dais un susto!...".

—María Remedios, no seas tonta —indicó con magistral dignidad la señora.

—Nada más que un susto, señora; atienda usted bien a lo que digo: un susto. Pues qué, ¿había yo de aconsejar un crimen?... ¡Jesús Padre y Redentor mío! Sólo la idea me llena de horror y parece que veo señales de sangre y fuego delante de mis ojos. Nada de eso, señora mía... Un susto, y nada más que un susto, por lo cual comprenda ese bergante que estamos bien defendidas. Él va solo al Casino, señora, enteramente solo, y allí se junta con sus amigotes, los del sable y morrioncete [82]. Figúrese usted que recibe el susto, y que además le quedan algunos huesos quebrantados, sin nada de heridas graves, se entiende... pues en tal caso, o se acobarda y huye de Orbajosa, o se tiene que meter en la cama por quince días. Eso sí, hay que recomendarles que el susto sea bueno. Nada de matar... cuidadito con eso; pero sentar bien la mano [83].

—María Remedios —dijo doña Perfecta con altanería—, tú eres incapaz de una idea elevada, de una resolución grande y salvadora. Eso que me aconsejas es una indignidad cobarde.

—Bueno, pues me callo... ¡Ay de mí, qué tonta soy! —refunfuñó con humildad la sobrina del Penitenciario—. Me guardaré mis tonterías para consolarla a Vd. después que haya perdido a su hija.

—¡Mi hija!... ¡perder a mi hija!... —exclamó la señora con súbito arrebato de ira—. Sólo oírlo me vuelve loca. No, no me la quitarán. Si Rosario no aborrece a ese perdido, como yo deseo, le aborrecerá. De algo sirve la autoridad de una madre... Le arrancaremos su pasión, mejor dicho, su capricho, como se arranca una yerba tierna que aún no ha tenido tiempo de echar raíces... No, esto no puede ser, Remedios. ¡Pase lo que pase, no será! No le valen a ese loco ni los medios más infames. Antes que verla esposa de mi sobrino, acepto cuanto de malo pueda pasarle, incluso la muerte.

—Antes muerta, antes enterrada y hecha alimento de gusanos —afirmó Remedios cruzando las manos, como quien dice una plegaria—, que verla en poder de... ¡Ay!, señora, no se ofenda Vd. si le digo una cosa, y es que sería gran debilidad ceder porque Rosarito haya tenido algunas entrevistas secretas con ese atrevido. El caso de anteanoche según lo contó mi tío, me parece

79  *Las peras al cuarto*: obligar a alguien a hacer lo que no desea.
80  *Sobrinejo*: despectivo de "sobrino".
81  *Tapujarse*: cubrirse bien con el embozo (de la capa)
82  *Morrioncete*: despectivo de "morrión", sombrero militar.
83  *Sentar bien la mano*: golpear, castigar con severidad.

una treta infame de Don José para conseguir su objeto por medio del escándalo. Muchos hacen esto... ¡Ay Jesús Divino, no sé cómo hay quien le mire la cara a un hombre no siendo sacerdote!

—Calla, calla –dijo doña Perfecta con vehemencia–. No me nombres lo de anteanoche. ¡Qué horrible suceso! María Remedios... comprendo que la ira puede perder un alma para siempre. Yo me abraso... ¡Desdichada de mí, ver estas cosas y no ser hombre!... Pero si he de decir la verdad sobre lo de anteanoche aún tengo mis dudas. Librada jura y perjura que fue Pinzón el que entró. ¡Mi hija niega todo, mi hija nunca ha mentido...! Yo insisto en mi sospecha. Creo que Pinzón es un bribón encubridor; pero nada más.

—Volvemos a lo de siempre, a que el autor de todos los males es el dichoso matemático... ¡Ay! No me engañó el corazón cuando le vi por primera vez... Pues, señora mía, resígnese Vd. a presenciar algo más terrible todavía, si no se decide a llamar a Caballuco y decirle: "Caballuco, espero que...".

—Vuelta a lo mismo; pero tú eres simple...

—¡Oh! Si soy yo muy simplota, lo conozco; pero si no alcanzo más, ¿qué puedo hacer? Digo lo que se me ocurre, sin sabidurías.

—Lo que tú imaginas, esa vulgaridad tonta de la paliza y del susto se le ocurre a cualquiera. Tú no tienes dos dedos de frente, Remedios, y cuando quieres resolver un problema grave, sales con tales patochadas. Yo imagino un recurso más digno de personas nobles y bien nacidas. ¡Apalear!, ¡qué estupidez! Además, no quiero que mi sobrino reciba un rasguño por orden mía: eso de ninguna manera. Dios le enviará su castigo por cualquiera de los admirables caminos que Él sabe elegir. Sólo nos corresponde trabajar porque los designios de Dios no hallen obstáculo. María Remedios: es preciso en estos asuntos ir directamente a las causas de las cosas. Pero tú no entiendes de causas... tú no ves más que pequeñeces.

—Será así –dijo humildemente la sobrina del cura–. ¡Ay, para qué me hará Dios tan necia, que nada de esas sublimidades entiendo!

—Es preciso ir al fondo, al fondo, Remedios. ¿Tampoco entiendes ahora?

—Tampoco.

—Mi sobrino, no es mi sobrino, mujer: es la blasfemia, el sacrilegio, el ateísmo, la demagogia... ¿Sabes lo que es la demagogia?

—Algo de esa gente que quemó a París con petróleo, y los que aquí derriban las iglesias y fusilan las imágenes... Hasta ahí vamos bien.

—Pues mi sobrino es todo eso... ¡Ah!, ¡si él estuviera solo en Orbajosa!... Pero no, hija mía. Mi sobrino, por una serie de fatalidades, que son otras tantas pruebas de los males pasajeros que a veces permite Dios para nuestro castigo, equivale a un ejército, equivale a la autoridad del gobierno, equivale al alcalde, equivale al juez; mi sobrino no es mi sobrino, es la nación oficial, Remedios; es esa segunda nación, compuesta de los perdidos que gobiernan en

Madrid, y que se ha hecho dueña de la fuerza material; de esa nación aparente, porque la real es la que calla, paga y sufre; de esa nación ficticia que firma al pie de los decretos y pronuncia discursos y hace una farsa de gobierno y una farsa de autoridad y una farsa de todo. Eso es hoy mi sobrino; es preciso que te acostumbres a ver lo interno de las cosas. Mi sobrino es el gobierno, el brigadier, el alcalde nuevo, el juez nuevo, porque todos le favorecen a causa de la unanimidad de sus ideas; porque son uña y carne, lobos de la misma manada... Entiéndelo bien: hay que defenderse de todos ellos, porque todos son uno, y uno es todos; hay que atacarles en común, y no con palizas al volver de una esquina, sino como atacaban nuestros abuelos a los moros, a los moros. Remedios... Hija mía, comprende bien esto; abre tu entendimiento y deja entrar en él una idea que no sea vulgar... remóntate; piensa en alto, Remedios.

La sobrina de D. Inocencio estaba atónita ante tanta grandeza. Abrió la boca para decir, sin duda, algo en consonancia con tan maravilloso pensamiento; pero sólo exhaló un suspiro.

—Como a los moros –repitió doña Perfecta–. Es cuestión de moros y cristianos. ¡Y creías tú que con asustar a mi sobrino se concluía todo!... ¡Qué necia eres! ¿No ves que le apoyan sus amigos? ¿No ves que estamos a merced de esa canalla? ¿No ves que cualquier tenientejo[84] es capaz de pegar fuego a mi casa si se le antoja?... ¿Pero tú no alcanzas esto? ¿No comprendes que es necesario ir al fondo? ¿No comprendes la inmensa grandeza, la terrible extensión de mi enemigo, que no es un hombre, sino una secta?... ¿No comprendes que mi sobrino, tal como está hoy enfrente de mí, no es un hombre, sino una plaga?... Contra ella, querida Remedios, tendremos aquí un batallón de Dios que aniquile la infernal milicia de Madrid. Te digo que esto va a ser grande y glorioso...

—Si al fin fuera...

—¿Pero tú lo dudas? Hoy hemos de ver aquí cosas terribles... –dijo con gran impaciencia la señora–. Hoy, hoy. ¿Qué hora es? Las siete. ¡Tan tarde y no ocurre nada!...

—Quizá sepa algo mi tío, que está aquí ya. Le siento subir la escalera.

—Gracias a Dios... –dijo doña Perfecta levantándose para salir al encuentro del Penitenciario–. Él nos dirá algo bueno.

Don Inocencio entró apresuradamente en la pieza. Su demudado rostro indicaba que aquella alma consagrada a la piedad y a los estudios latinos, no estaba tan tranquila como de ordinario.

—Malas noticias –dijo poniendo sobre una silla el sombrero y desatando los cordones del manteo.

Doña Perfecta palideció.

—Están prendiendo gente –añadió D. Inocencio, bajando la voz, cual si debajo de cada silla estuviera un soldado.

---

84 *Tenientejo*: despectivo de "teniente".

—Sospechan, sin duda, que los de aquí no les aguantarían sus pesadas bromas –prosiguió el cura–, y han ido de casa en casa echando mano a todos los que tenían fama de valientes...

La señora se arrojó en un sillón y apretó fuertemente los dedos contra la madera de los brazos del mueble.

—Falta que se hayan dejado prender –indicó Remedios.

—Muchos de ellos... pero muchos –dijo Don Inocencio con ademanes encomiásticos, dirigiéndose a la señora–, han tenido tiempo de huir, y se han ido con armas y caballos a Villahorrenda.

—¿Y Ramos?

—En la catedral me dijeron que es el que buscan con más empeño... ¡Oh, Dios mío!, ¡prender así a unos infelices que nada han hecho todavía...! Vamos, no sé cómo los buenos españoles tienen paciencia. Señora mía, doña Perfecta, refiriendo esto de las prisiones, me he olvidado decir a Vd. que debe marcharse a su casa al momento.

—Sí, al momento... ¿Registrarán mi casa esos bandidos?

—Quizás. Señora, estamos en un día nefasto –dijo D. Inocencio con solemne y conmovido acento–. ¡Dios se apiade de nosotros!

—En mi casa tengo media docena de hombres muy bien armados –repuso la señora vivamente alterada–. ¡Qué iniquidad! ¿Serán capaces de querer llevárselos también?...

De seguro el Sr. Pinzón no se habrá descuidado en denunciarlos. Señora, repito que estamos en un día nefasto. Pero Dios amparará la inocencia.

—Me voy, me voy. No deje Vd. de pasar por allá.

—Señora, en cuanto despache la clase... y me figuro que con la alarma que hay en el pueblo, todos los chicos harán novillos [85] hoy; pero haya o no clase, iré después por allá... No quiero que salga Vd. sola, señora. Andan por las calles esos zánganos de soldados con unos humos... ¡Jacinto, Jacinto!

—No es preciso. Me marcharé sola.

—Que vaya Jacinto –dijo la madre de este–. Ya debe de estar levantado.

Sintiéronse los precipitados pasos del doctorcillo que bajaba a toda prisa la escalera del piso alto. Venía con el rostro encendido, fatigado el aliento.

—¿Qué hay? –le preguntó su tío.

—En casa de las Troyas –dijo el jovenzuelo–, en casa de esas... pues...

—Acaba de una vez.

—Está Caballuco.

—¿Allá arriba?... ¿en casa de las Troyas?

—Sí, señor... Me ha hablado desde el terrado, y me ha dicho que está temiendo le vayan a coger allí.

—¡Oh, qué bestia!... Ese majadero va a dejarse prender –exclamó doña Perfecta hiriendo el suelo con el inquieto pie.

—Quiere bajar aquí y que le escondamos en casa.

85  *Hacer novillos*: faltar a la escuela.

—¿Aquí?

Canónigo y sobrina se miraron.

—¡Que baje! –dijo doña Perfecta con vehemente frase.

—¿Aquí? –repitió D. Inocencio poniendo cara de mal humor.

—Aquí –contestó la señora imperiosamente–. No conozco casa donde pueda estar más seguro.

—Puede saltar fácilmente por la ventana de mi cuarto –dijo Jacinto.

—Pues si es indispensable...

—María Remedios –dijo la señora–. Si nos cogen a este hombre, todo se ha perdido.

—Tonta y simple soy –repuso la sobrina del canónigo poniéndose la mano en el pecho y ahogando el suspiro que sin duda iba a salir al público–, pero no cogerán a este hombre.

La señora salió rápidamente, y poco después el Centauro se arrellenaba en la butaca donde el señor Don Inocencio solía sentarse a escribir sus sermones.

No sabemos cómo llegó a oídos del brigadier Batalla; pero es indudable que este diligente militar tenía noticia de que los orbajosenses habían variado de intenciones, y en la mañana de aquel día dispuso la prisión de los que en nuestro rico lenguaje insurreccional solemos llamar *caracterizados* [86]. Salvose por milagro el gran Caballuco, refugiándose en casa de las Troyas, pero no creyéndose allí seguro, bajó como se ha visto, a la santa y no sospechosa mansión del buen canónigo.

Por la noche, la tropa, establecida en diversos puntos del pueblo, ejercía la mayor vigilancia con los que entraban y salían; pero Ramos logró evadirse burlando o quizás sin burlar las precauciones militares. Esto acabó de encender los ánimos, y multitud de gente se conjuraba en los caseríos cercanos a Villahorrenda, juntándose de noche para dispersarse de día y preparar así el arduo negocio de su levantamiento. Ramos recorrió las cercanías allegando gente y armas, y como las columnas volantes andaban tras los Aceros en tierra de Villajuán de Nahara, nuestro héroe caballeresco adelantó mucho en poco tiempo.

Por las noches arriesgábase con audacia suma a entrar en Orbajosa, valiéndose de medios de astucia o tal vez de sobornos. Su popularidad y la protección que recibía dentro del pueblo servíanle hasta cierto punto de salvaguardia, y no será aventurado decir que la tropa no desplegaba ante aquel osado campeón el mismo rigor que ante los hombres insignificantes de la localidad. En España, y principalmente en tiempo de guerras que son siempre aquí desmoralizadoras, suelen verse esas condescendencias infames con los grandes, mientras se persigue sin piedad a los pequeñuelos. Valido, pues, de su audacia, del soborno, o no sabemos de qué, Caballuco entraba en Orbajosa, reclutaba más gente, reunía armas y acopiaba dinero. Para mayor seguridad de su persona, o para cubrir el expediente, no ponía los pies en su casa,

86 *Caracterizados*: distinguido, pero posiblemente el autor haya querido significar "con carácter", con ideas propias.

apenas entraba en la de doña Perfecta para tratar de asuntos importantes, y solía cenar en casa de este o del otro amigo, prefiriendo siempre el respetado domicilio de algún sacerdote, y principalmente el de D. Inocencio, donde recibiera asilo en la mañana funesta de las prisiones.

En tanto Batalla había telegrafiado al Gobierno diciéndole que, descubierta una conspiración facciosa, estaban presos sus autores, y los pocos que lograron escapar andaban dispersos y fugitivos, *activamente perseguidos por nuestras columnas*.

# – XXV –

## *María Remedios*

Nada más entretenido que buscar el origen de los sucesos interesantes que nos asombran o perturban, ni nada más grato que encontrarlo. Cuando vemos arrebatadas pasiones en lucha encubierta o manifiesta, y llevados del natural impulso inductivo que acompaña siempre a la observación humana, logramos descubrir la oculta fuente de donde aquel revuelto río ha traído sus aguas, experimentamos sensación muy parecida al gozo de los geógrafos y buscadores de tierras.

Este gozo nos lo ha concedido Dios ahora, porque explorando los escondrijos de los corazones que laten en esta historia, hemos descubierto un hecho que seguramente es el engendrador de los hechos más importantes que hemos narrado; una pasión que es la primera gota de agua de esta alborotada corriente, cuya marcha estamos observando.

Continuemos, pues, la narración. Para ello dejemos a la señora de Polentinos, sin cuidarnos de lo que pudo ocurrirle en la mañana de su diálogo con María Remedios. Penetra llena de zozobra en su vivienda, donde se ve obligada a soportar las excusas y cortesanías del Sr. Pinzón, quien asegura que mientras él existiera, la casa de la señora no sería registrada. Le responde doña Perfecta de un modo altanero, sin dignarse fijar en él los ojos, por cuya razón él pide urbanamente explicaciones de tal desvío, a lo cual ella contesta rogando al Sr. Pinzón abandone su casa, sin perjuicio de dar oportunamente cuenta de su alevosa conducta dentro de ella. Llega D. Cayetano, y se cruzan palabras de caballero a caballero; pero como ahora nos interesa más otro asunto, dejamos a los Polentinos y al teniente coronel que se las compongan como puedan, y pasemos a examinar aquello de los manantiales arriba mencionados.

Fijemos ahora la atención en María Remedios, mujer estimable, a la cual es urgente consagrar algunas líneas. Era una señora, una verdadera señora, pues apesar de su origen humildísimo, las virtudes de su tío carnal el Sr. D.

Inocencio, también de bajo origen, más sublimado por el Sacramento, así como por su saber y respetabilidad, habían derramado extraordinario esplendor sobre toda la familia.

El amor de Remedios a Jacinto era una de las más vehementes pasiones que en el corazón maternal pueden caber. Le amaba con delirio; ponía el bienestar de su hijo sobre todas las cosas humanas: creíale el más perfecto tipo de la belleza y del talento creados por Dios, y diera por verle feliz y grande y poderoso, todos los días de su vida y aun parte de la eterna gloria. El sentimiento materno es el único que por lo muy santo y noble, admite la exageración; el único que no se bastardea con el delirio. Sin embargo, suele ocurrir un fenómeno singular que no deja de ser común en la vida, y es que si esta exaltación del afecto maternal no coincide con la absoluta pureza del corazón y con la honradez perfecta, suele extraviarse y convertirse en frenesí lamentable, que puede contribuir, como otra cualquiera pasión desbordada, a grandes faltas y catástrofes.

En Orbajosa María Remedios pasaba por un modelo de virtud y de sobrinas: quizás lo era en efecto. Servía cariñosamente a cuantos la necesitaban jamás dio motivo a hablillas y murmuraciones de mal género; jamás se mezcló en intrigas. Era piadosa, no sin dejarse llevar a extremos de mojigatería chocante; practicaba la caridad; gobernaba la casa de su tío con habilidad suprema; era bien recibida, admirada y obsequiada en todas partes, a pesar del sofoco casi intolerable que producía su continuo afán de suspirar y expresarse siempre en tono quejumbroso.

Pero en casa de doña Perfecta, aquella excelente señora sufría una especie de *capitis diminutio* [87]. En tiempos remotos y muy aciagos para la familia del buen Penitenciario, María Remedios (si es verdad, ¿por qué no se ha decir?) había sido lavandera en la casa de Polentinos. Y no se crea por esto que doña Perfecta la miraba con altanería: nada de eso. Tratábala sin orgullo; sentía hacia ella un cariño verdaderamente fraternal; comían juntas, rezaban juntas, referíanse sus cuitas, ayudábanse mutuamente en sus caridades y en sus devociones así como en los negocios de la casa... ¡pero fuerza es decirlo!, siempre había algo, siempre había una raya invisible pero infranqueable entre la señora improvisada y la señora antigua. Doña Perfecta tuteaba a María, y esta jamás pudo prescindir de ciertas fórmulas. Sentíase tan pequeña la sobrina de D. Inocencio en presencia de la amiga de este, que su humildad nativa tomaba un tinte extraño de tristeza. Veía que el buen canónigo era en la casa una especie de consejero áulico [88] inamovible; veía a su idolatrado Jacintillo en familiaridad casi amorosa con la señorita, y sin embargo, la pobre madre y sobrina frecuentaba la casa lo menos posible. Es preciso indicar que María Remedios se deseñoraba [89] bastante (pase la palabra) en casa de doña Perfecta, y esto le era desagradable, porque también en aquel espíritu suspirón había, como en todo lo que vive, un poco de orgullo... Ver a su hijo casa-

---

87  *Capitis diminutio*: (sic) correctamente *deminutio*: cambio de status social, generalmente en perjuicio del sujeto.

88  *Consejero áulico*: consejero de corte o palaciego

89  *Se deseñoraba*: se rebajaba, resignaba su papel de señora.

do con Rosarito, verle rico y poderoso; verle emparentado con doña Perfecta, con la señora... ¡ay!, esto era para María Remedios la tierra y el cielo, esta vida y la otra, el presente y el más allá, la totalidad suprema de la existencia. Hacía años que su pensamiento y su corazón se llenaban de aquella dulce luz de esperanza. Por esto era buena y mala, por esto era religiosa y humilde o terrible y osada, por esto era todo cuanto hay que ser, porque sin tal idea, Remedios, que era la encarnación de su proyecto, no existiría.

En su físico, María Remedios no podía ser más insignificante. Distinguíase por una lozanía sorprendente que aminoraba en apariencia el valor numérico de sus años, y vestía siempre de luto, a pesar de que su viudez era ya cuenta muy larga.

Habían pasado cinco días desde la entrada de Caballuco en casa del Sr. Penitenciario. Principiaba la noche. Remedios entró con la lámpara encendida en el cuarto de su tío, y después de dejarla sobre la mesa, se sentó frente al anciano, que desde media tarde permanecía inmóvil y meditabundo en su sillón, cual si le hubieran clavado en él. Sus dedos sostenían la barba, arrugando la morena piel no rapada en tres días.

—¿Caballuco dijo que vendría a cenar aquí esta noche? —preguntó a su sobrina.

—Sí, señor, vendrá. En estas casas respetables es donde el pobrecito está más seguro.

—Pues yo no las tengo todas conmigo a pesar de la respetabilidad de mi casa —repuso el Penitenciario—. ¡Cómo se expone el valiente Ramos!... Y me han dicho que en Villahorrenda y su campiña hay mucha gente... qué sé yo cuánta gente... ¿Qué has oído tú?

—Que la tropa está haciendo unas barbaridades...

—¡Es milagro que esos caribes no hayan registrado mi casa! Te juro que si veo entrar uno de los de pantalón encarnado me caigo sin habla.

—¡Buenos, buenos estamos! —dijo Remedios echando en un suspiro la mitad de su alma—. No puedo apartar de mi mente la tribulación en que se encuentra la señora doña Perfecta... ¡Ay, tío!, debe usted ir allá.

—¿Allá esta noche?... Andan las tropas por las calles. Figúrate que a un soldado se le antoja... La señora está bien defendida. El otro día registraron la casa y se llevaron los seis hombres armados que allí tenía; pero después se los han devuelto. Nosotros no tenemos quien nos defienda en caso de un atropello.

—Yo he mandado a Jacinto a casa de la señora para que la acompañe un ratito. Si Caballuco viene le diremos que pase también por allá... Nadie me quita de la cabeza que alguna gran fechoría preparan esos pillos contra nuestra amiga. ¡Pobre señora, pobre Rosarito!... Cuando uno piensa que esto podía haberse evitado con lo que propuse a doña Perfecta hace dos días...

—Querida sobrina —dijo flemáticamente el Penitenciario—, hemos hecho todo cuanto en lo humano cabía para realizar nuestro santo propósito... Ya no se puede más. Hemos fracasado, Remedios. Convéncete de ello, y no seas terca: Rosarito no puede ser la mujer de nuestro idolatrado Jacintillo. Tu sueño dorado, tu ideal dichoso que un tiempo nos pareció realizable, y al cual consagré yo las fuerzas todas de mi entendimiento, como buen tío, se ha trocado ya en una quimera, se ha disipado como el humo. Entorpecimientos graves, la maldad de un hombre, la pasión indudable de la niña y otras cosas que callo, han vuelto las cosas del revés. Íbamos venciendo y de pronto somos vencidos. ¡Ay, sobrina mía! Convéncete de una cosa. Hoy por hoy, Jacinto merece mucho más que esa niña loca.

—Caprichos y terquedades –repuso María con displicencia bastante irrespetuosa–. Vaya con lo que sale Vd. ahora, tío. Pues las grandes cabezas se están luciendo... Doña Perfecta con sus sublimidades y usted con sus cavilaciones sirven para cualquier cosa. Es lástima que Dios me haya hecho a mí tan tonta, y dádome este entendimiento de ladrillo y argamasa, como dice la señora, porque si así no fuera yo resolvería la cuestión.

—¿Tú?

—Resuelta estaría ya, si ella y Vd. me hubieran dejado.

—¿Con los palos?

—No asustarse, ni abrir tanto los ojos, porque no se trata de matar a nadie... ¡vaya! [90]

—Eso de los palos, Remedios –dijo el canónigo sonriendo–, es como el rascar... ya sabes.

—¡Bah!... diga Vd. también que soy cruel y sanguinaria... me falta valor para matar un gusanito; bien lo sabe Vd... Ya se comprende que no había yo de querer la muerte de un hombre.

—En resumen, hija mía, por más vueltas que le des, el señor D. Pepe Rey se lleva la niña. Ya no es posible evitarlo. Él está dispuesto a emplear todos los medios, incluso la deshonra. Si la Rosarito... cómo nos engañaba con aquella carita circunspecta y aquellos ojos celestiales, ¿eh?... si la Rosarito, digo, no le quisiera... vamos... todo podría arreglarse; pero ¡ay!, le ama como ama el pecador al demonio; está abrasada en criminal fuego; cayó, sobrina mía, cayó en la infernal trampa libidinosa. Seamos honrados y justos; volvamos la vista de la innoble pareja, y no pensemos más en el uno ni en la otra.

—Usted no entiende de mujeres, tío –dijo Remedios con lisonjera hipocresía–; Vd. es un santo varón; Vd. no comprende que lo de Rosarito no es más que un caprichillo [91] de esos que pasan, de esos que se curan con un par de refregones en los morros o media docena de azotes.

—Sobrina –dijo D. Inocencio grave y sentenciosamente–, cuando han pasado cosas mayores, los caprichillos no se llaman caprichillos, sino de otra manera.

—Tío, Vd. no sabe lo que dice– repuso la sobrina, cuyo rostro se infla-

---

90   *¡Vaya!* : interjección.
91   *Caprichillo*: diminutivo de "capricho".

mó súbitamente–. Pues qué, ¿será Vd. capaz de suponer en Rosarito?... ¡qué atrocidad! Yo la defiendo, sí, la defiendo... Es pura como un ángel... Vamos, tío, con esas cosas se me suben los colores a la cara y me pone Vd. soberbia.

Al decir esto, el semblante del buen clérigo se cubría de una sombra de tristeza, que en apariencia le envejecía diez años.

—Querida Remedios –añadió–. Hemos hecho todo lo humanamente posible y todo lo que en conciencia podía y debía hacerse. Nada más natural que nuestro deseo de ver a Jacintillo emparentado con esa gran familia, la primera de Orbajosa; nada más natural que nuestro deseo de verle dueño de las siete casas del pueblo, de la dehesa de Mundo–grande, de las tres huertas, del cortijo de Arriba, de la Encomienda, y demás predios urbanos y rústicos que posee esa niña. Tu hijo vale mucho, bien lo saben todos. Rosarito gustaba de él y él de Rosarito. Parecía cosa hecha. La misma señora, sin entusiasmarse mucho, a causa sin duda de nuestro origen, parecía bien dispuesta a ello, a causa de lo mucho que me estima y venera, como confesor y amigo... Pero de repente se presenta ese malhadado joven. La señora me dice que tiene un compromiso con su hermano y que no se atreve a rechazar la proposición que este le ha hecho. Conflicto grave. ¿Pero qué hago yo en vista de esto? ¡Ay!, no lo sabes tú bien. Yo te soy franco, si hubiera visto en el señor de Rey un hombre de buenos principios capaz de hacer feliz a Rosario, no habría intervenido en el asunto; pero el tal joven me pareció una calamidad, y como director espiritual de la casa, debí tomar cartas en el asunto y las tomé. Ya sabes que le puse la proa[92], como vulgarmente se dice. Desenmascaré sus vicios; descubrí su ateísmo; puse a la vista de todo el mundo la podredumbre de aquel corazón materializado, y la señora se convenció de que entregaba a su hija al vicio... ¡Ay!, qué afanes pasé. La señora vacilaba; yo fortalecía su ánimo indeciso; aconsejábale los medios lícitos que debía emplear contra el sobrinejo para alejarle sin escándalo; sugeríale ideas ingeniosas, y como ella me mostraba a menudo su pura conciencia llena de alarmas, yo la tranquilizaba demarcando hasta qué punto eran lícitas las batallas que librábamos contra aquel fiero enemigo. Jamás aconsejé medios violentos ni sanguinarios, ni atrocidades de mal género, sino sutiles trazas que no contenían pecado. Estoy tranquilo, querida sobrina. Pero bien sabes tú que he luchado, que he trabajado como un negro. ¡Ay!, cuando volvía a casa por las noches y decía: "Mariquilla, vamos bien, vamos muy bien", tú te volvías loca de contento y me besabas las manos cien veces, y decías que era yo el hombre mejor del mundo. ¿Por qué te enfureces ahora desfigurando tu noble carácter y pacífica condición? ¿Por qué me riñes? ¿Por qué dices que estás soberbia y me llamas en buenas palabras Juan Lanas[93]?

—Porque Vd. –repuso la mujer sin cejar en su agresiva irritación– se ha acobardado de repente.

—Es que todo se nos vuelve en contra, mujer. El maldito ingeniero, fa-

92  *Le puse la proa*: lo encaré.
93  *Juan Lanas*: coloq. Hombre apocado que se presta con facilidad a todo cuanto se quiere hacer de él.

vorecido por la tropa, está resuelto a todo. La chiquilla le ama, la chiquilla... no quiero decir más. No puede ser, te digo que no puede ser.

—¡La tropa! Pero Vd. cree como doña Perfecta que va a haber una guerra, y que para echar de aquí a D. Pepe, se necesita que media nación se levante contra la otra media... La señora se ha vuelto loca y Vd. allá se le va.

—Creo lo mismo que ella. Dada la íntima conexión de Rey con los militares, la cuestión personal se agranda... Pero ¡ay!, sobrina mía, si hace dos días tuve esperanza de que nuestros valientes echaran de aquí a puntapiés a la tropa, desde que he visto el giro que han tomado las cosas; desde que he visto que la mayor parte son sorprendidos antes de pelear, y que Caballuco se esconde y que esto se lo lleva la trampa, desconfío de todo. Los buenos principios no tienen aún bastante fuerza material para hacer pedazos a los ministros y emisarios del error... ¡Ay!, sobrina mía, resignación, resignación.

Apropiándose entonces D. Inocencio el medio de expresión que caracterizaba a su sobrina, suspiró dos o tres veces ruidosamente. María, contra todo lo que podía esperarse, guardó profundo silencio. No había en ella, al menos aparentemente, ni cólera, ni tampoco la sensiblería superficial de su ordinaria vida; no había sino una aflicción profunda y modesta. Poco después de que el buen tío concluyera su perorata, dos lágrimas rodaron por las sonrosadas mejillas de la sobrina: no tardaron en oírse algunos sollozos mal comprimidos, y poco a poco, así como van creciendo en ruido y forma la hinchazón y tumulto de un mar que empieza a alborotarse, así fue encrespándose aquel oleaje del dolor de María Remedios, hasta que rompió en deshecho llanto.

# – XXVI –

## El tormento de un canónigo

—¡Resignación, resignación! –volvió a decir don Inocencio.

—¡Resignación, resignación! –repitió ella enjugando sus lágrimas–. Puesto que mi querido hijo ha de ser siempre un pelagatos, séalo en buen hora. Los pleitos escasean; bien pronto llegará el día en que lo mismo será la abogacía que nada. ¿De qué vale el talento? ¿De qué valen tanto estudio y romperse la cabeza? ¡Ay! Somos pobres. Llegará un día, señor D. Inocencio, en que mi pobre hijo no tendrá una almohada sobre que reclinar la cabeza.

—¡Mujer!

—¡Hombre!... Y si no, dígame: ¿qué herencia piensa Vd. dejarle cuando cierre el ojo? Cuatro cuartos, seis librachos, miseria y nada más... Van a venir unos tiempos... ¡Qué tiempos, señor tío!... Mi pobre hijo, que se está poniendo muy delicado de salud, no podrá trabajar... ya se le marea la cabeza desde que lee un libro; ya le dan bascas y jaqueca siempre que trabaja de noche... tendrá que mendigar un destinejo [94]; tendré yo que ponerme a la costura, y quién sabe, quién sabe... como no tengamos que pedir limosna.

—¡Mujer!

—Bien sé lo que digo... Buenos tiempos van a venir –añadió la excelente mujer forzando más el sonsonete llorón con que hablaba–. ¡Dios mío! ¿Qué va a ser de nosotros? ¡Ah! Sólo el corazón de una madre siente estas cosas... Sólo las madres son capaces de sufrir tantas penas por el bienestar de un hijo. Usted ¿cómo ha de comprender? No, una cosa es tener hijos y pasar amarguras por ellos, y otra cosa es cantar el *gori gori* [95] en la catedral y enseñar latín en el Instituto... Vea Vd. de qué le vale a mi hijo el ser sobrino de Vd. y el haber sacado tantas notas de sobresaliente, y ser el primor y la gala de Orbajosa... Se morirá de hambre, porque ya sabemos lo que da la abogacía, o tendrá que pedir a los diputados un destino en la Habana, donde le matará la fiebre amarilla...

—¡Pero mujer!...

94 *Un destinejo*: un empleo modesto.
95 *Gorigori*: vulg. el canto lúgubre de los entierros.

—No, si no me apuro, si ya callo, si no le molesto a Vd. más. Soy muy impertinente, muy llorona, muy suspirosa, y no se me puede aguantar, porque soy madre cariñosa y miro por el bien de mi amado hijo. Yo me moriré, sí señor, me moriré en silencio y ahogaré mi dolor; me beberé mis lágrimas para no mortificar al señor canónigo... Pero mi idolatrado hijo me comprenderá, y no se tapará los oídos como Vd. hace en este momento... ¡ay de mí! El pobre Jacinto sabe que me dejaría matar por él, y que le proporcionaría la felicidad a costa de mi vida. ¡Pobrecito niño de mis entrañas! ¡Tener tanto mérito, y vivir condenado a un pasar mediano, a una condición humilde!... porque no, señor tío, no se ensoberbezca Vd... Por más que echemos humos, siempre será Vd. el hijo del tío Tinieblas, el sacristán de San Bernardo... y yo no seré nunca más que la hija de Ildefonso Tinieblas, su hermano de Vd., el que vendía pucheros, y mi hijo será el nieto de los Tinieblas... que tenemos un tenebrario en nuestra cesta, y nunca saldremos de la oscuridad, ni poseeremos un pedazo de terruño donde decir: "esto es mío", ni trasquilaremos una oveja propia, ni ordeñaremos jamás una cabra propia, ni meteré mis manos hasta el codo en un saco de trigo trillado y aventado en nuestras eras... todo esto a causa de su poco ánimo de Vd., de su bobería y corazón amerengado...

—Pero... pero mujer.

Subía más de tono el canónigo cada vez que repetía esta frase, y puestas las manos en los oídos, sacudía a un lado y otro la cabeza con doloroso ademán de desesperación. La chillona cantinela de María Remedios era cada vez más aguda, y penetraba en el cerebro del infeliz y ya aturdido clérigo como una saeta. Pero de repente transformose el rostro de aquella mujer, mudáronse los plañideros sollozos en una voz bronca y dura, palideció su rostro, temblaron sus labios, cerráronse sus puños, cayéronle sobre la frente algunas guedejas del desordenado cabello, secáronse por completo sus ojos al calor de la ira que bramaba en su pecho, levantose del asiento, y no como una mujer, sino como una arpía, gritó de este modo:

—¡Yo me voy de aquí, yo me voy con mi hijo!... Nos iremos a Madrid; no quiero que mi hijo se pudra en este poblachón[96]. Estoy cansada de ver que mi hijo, al amparo de la sotana, no es ni será nunca nada. ¿Lo oye Vd., señor tío? ¡Mi hijo y yo nos vamos! ¡Vd. no nos verá nunca más, nunca más; pero nunca más!

Don Inocencio había cruzado las manos y recibía los furibundos rayos de su sobrina con la consternación de un reo de muerte a quien la presencia del verdugo quita ya toda esperanza.

—Por Dios, Remedios —murmuró con voz dolorida–, por la Virgen Santísima...

Aquellas crisis y horribles erupciones del manso carácter de la sobrina eran tan fuertes como raras, y se pasaban a veces cinco o seis años sin que Don Inocencio viera a Remedios convertirse en una furia.

---

96 *Poblachón*: despectivo de "pueblo".

—¡Soy madre!... ¡Soy madre!... ¡y puesto que nadie mira por mi hijo, miraré yo, yo misma! –exclamó la improvisada leona rugiendo.

—Por María Santísima, mujer, no te arrebates... Mira que estás pecando... Recemos un Padre nuestro y un Ave–María, y verás cómo se te pasa eso.

Diciendo esto temblaba y sudaba. ¡Pobre pollo en las garras del buitre!

La mujer transformada acabó de estrujarle con estas palabras:

—Usted no sirve para nada; Vd. es un mandria... Mi hijo y yo nos marcharemos de aquí para siempre, para siempre. Yo le conseguiré una posición a mi hijo, yo le buscaré una buena conveniencia, ¿entiende Vd.? Así como estoy dispuesta a barrer las calles con la lengua, si de este modo fuera preciso ganarle la comida, así también revolveré la tierra para buscar una posición a mi hijo, para que suba y sea rico, y considerado, y personaje, y caballero, y propietario, y señor, y grande y todo cuanto hay que ser, todo, todo.

—¡Dios me favorezca! –dijo D. Inocencio dejándose caer en el sillón e inclinando la cabeza sobre el pecho.

Hubo una pausa, durante la cual se oía el agitado resuello de la mujer furiosa.

—Mujer –dijo al fin D. Inocencio–, me has quitado diez años de vida; me has abrasado la sangre; me has vuelto loco... ¡Que Dios me dé la serenidad que para aguantarte necesito! Señor, paciencia, paciencia es lo que quiero; y tú, sobrina, hazme el favor de llorar y lagrimear y estar suspirando a moco y baba diez años, pues tu maldita maña de los pucheros que tanto me enfada es preferible a esas locas iras. Si no supiera que en el fondo eres buena... Vaya que para haber confesado y recibido a Dios esta mañana, te estás portando.

—Sí, pero es por Vd., por Vd.

—¿Por qué en el asunto de Rosario y de Jacinto te digo "resignación"?

—Porque cuando todo marchaba bien, V. se vuelve atrás y permite que el Sr. Rey se apodere de Rosarito.

—¿Y cómo lo voy a evitar? Bien dice la señora que tienes entendimiento de ladrillo. ¿Quieres que salga por ahí con una espada, y en un quítame allá estas pajas [97] haga picadillo a toda la tropa, y después me encare con Rey y le diga: "o V. me deja en paz a la niña o le corto el pescuezo"?

—No, pero cuando yo he aconsejado a la señora que diera un susto a su sobrino, V. se ha opuesto, en vez de aconsejarle lo mismo que yo.

—Tú estás loca con eso del susto.

—Porque "muerto el perro se acabó la rabia".

—Yo no puedo aconsejar eso que llamas susto y que puede ser una cosa tremenda.

—Sí, porque soy una matona, ¿no es verdad, tío?

—Ya sabes que los juegos de manos son juego de villanos. Además, ¿crees que ese hombre se dejará asustar? ¿Y sus amigos?

97 *En un quítame allá esas pajas*: en discusión por un detalle menor,

—De noche sale solo.

—¿Tú qué sabes?

—Lo sé todo, y no da un paso sin que yo me entere ¿estamos? La viuda de Cuzco me tiene al tanto de todo.

—Vamos, no me vuelvas loco. ¿Y quién le va a dar ese susto?... Sepámoslo.

—Caballuco.

—¿De modo que él está dispuesto?...

—No, pero lo estará si V. se lo manda.

—Vamos, mujer, déjame en paz. Yo no puedo mandar tal atrocidad. ¡Un susto! ¿Y qué es eso? ¿Tú le has hablado ya?

—Sí señor, pero no me ha hecho caso, mejor dicho, se niega a ello. En Orbajosa no hay más que dos personas que puedan decidirle con una simple orden: Vd. o doña Perfecta.

—Pues que se lo mande la señora, si quiere. Jamás aconsejaré que se empleen medios violentos y brutales. ¿Querrás creer que cuando Caballuco y algunos de los suyos estaban tratando de levantarse en armas, no pudieron sacarme una sola palabra incitándoles a derramar sangre? No, eso no... Si doña Perfecta quiere hacerlo...

—Tampoco quiere. Esta tarde he estado hablando con ella dos horas, y dice que predicará la guerra, favoreciéndola por todos los medios; pero que no mandará a un hombre que hiera por la espalda a otro. Tendría razón en oponerse si se tratara de cosa mayor... pero no quiero que haya heridas; yo no quiero más que un susto.

—Pues si doña Perfecta no quiere ordenar a Caballuco que dé sustos al ingeniero, yo tampoco, ¿entiendes? Antes que nada es mi conciencia.

—Bueno –repuso la sobrina–. Dígale Vd. a Caballuco que me acompañe esta noche... no le diga V. más que eso.

—¿Vas a salir tarde?

—Voy a salir, sí señor. Pues qué, ¿no salí también anoche?

—¿Anoche? No lo supe; si lo hubiera sabido, me habría enfadado, sí señora.

—No le diga Vd. a Caballuco sino lo siguiente: "Querido Ramos, le estimaré mucho que acompañe a mi sobrina a cierta diligencia que tiene que hacer esta noche, y que la defienda si acaso se ve en algún peligro".

—Eso sí lo puedo hacer. Que te acompañe... que te defienda. ¡Ah, picarona!, tú quieres engañarme, haciéndome cómplice de alguna majadería.

—Ya... ¿qué cree Vd.? –dijo irónicamente María Remedios–. Entre Ramos y yo vamos a degollar mucha gente esta noche.

—No bromees. Te repito que no le aconsejaré a Ramos nada que tenga visos de maldad. Me parece que está ahí...

Oyose ruido en la puerta de la calle. Luego sonó la voz de Caballuco que hablaba con el criado, y poco después el héroe de Orbajosa penetró en la estancia.

—Noticias, vengan noticias, Sr. Ramos —dijo el clérigo—. Vaya que si no nos da Vd. alguna esperanza en cambio de la cena y de la hospitalidad... ¿Qué hay en Villahorrenda?

—Alguna cosa —repuso el valentón sentándose con muestras de cansancio—. Pronto se verá el señor D. Inocencio si servimos para algo.

Como todas las personas que tienen importancia o quieren dársela, Caballuco mostraba gran reserva.

—Esta noche, amigo mío, se llevará Vd., si quiere, el dinero que me han dado para...

—Buena falta hace... Como lo huelan los de tropa, no me dejarán pasar —dijo Ramos riendo brutalmente.

—Calle Vd., hombre... Ya sabemos que Vd. pasa siempre que se le antoja. Pues no faltaba más. Los militares son gente de manga ancha [98]... y si se pusieran pesados, con un par de duros, ¿eh?... Vamos, veo que no viene Vd. mal armado... No le falta más que un cañón de a ocho. Pistolitas, ¿eh?... También navaja.

—Por lo que pueda suceder —dijo Caballuco sacando el arma del cinto y mostrando su horrible hoja.

—¡Por Dios y la Virgen! —exclamó María Remedios cerrando los ojos y apartando con miedo el rostro—. Guarde Vd. ese chisme. Me horrorizo sólo de verlo.

—Si Vds. no lo llevan a mal —dijo Ramos cerrando el arma—, cenaremos.

María Remedios dispuso todo con precipitación, para que el héroe no se impacientase.

—Oiga Vd. una cosa, Sr. Ramos —dijo D. Inocencio a su huésped cuando se pusieron a cenar—. ¿Tiene Vd. muchas ocupaciones esta noche?

—Algo hay que hacer —repuso el bravo—. Esta es la última noche que vengo a Orbajosa, la última. Tengo que recoger algunos muchachos que quedan por aquí, y vamos a ver cómo sacamos el salitre y el azufre que está en casa de Cirujeda.

—Lo decía —añadió bondadosamente el cura llenando el plato de su amigo—, porque mi sobrina quiere que la acompañe Vd. un momento. Tiene que hacer no sé qué diligencia, y es algo tarde para ir sola.

—¿Va a casa de doña Perfecta? —preguntó Ramos. Allí he estado hace un momento; no quise detenerme.

—¿Cómo está la señora?

—Miedosilla [99]. Esta noche he sacado los seis mozos que tenía en la casa.

—Hombre: ¿cree Vd. que no hacen falta allí? —dijo Remedios con zozobra.

—Más falta hacen en Villahorrenda. Dentro de las casas se pudre la gente valerosa, ¿no es verdad señor canónigo?

—Señor Ramos, aquella casa no debe estar nunca sola —dijo con serie-

---

98 *Gente de manga ancha*: poco exigente. Generalmente se aplica a gente generosa, aunque no en este caso.
99 *Miedosilla*: con miedo, atemorizada.

dad el Penitenciario.

—Con los criados basta y sobra. ¿Pero V. cree, Sr. D. Inocencio, que el brigadier se ocupa de asaltar casas ajenas?

—Sí; pero bien sabe V. que ese ingeniero de tres mil docenas de demonios...

—Para eso... en la casa no faltan escobas –manifestó Cristóbal jovialmente–. Si al fin y al cabo no tendrán más remedio que casarlos... Después de lo que ha pasado...

—Sr. Ramos –dijo Remedios súbitamente enojada–, se me figura que no entiende V. gran cosa en esto de casar a la gente.

—Dígolo porque esta noche, hace un momento, vi que la señora y la niña estaban haciendo al modo de una reconciliación. Doña Perfecta besuqueaba a Rosarito, y todo era echarse palabrillas tiernas y mimos.

—¡Reconciliación! V. con eso de los armamentos has perdido la chaveta... Pero en fin, ¿me acompaña usted o no?

—No es a la casa de la señora donde quiere ir –dijo el clérigo–, sino a la posada de la viuda de Cuzco. Me estaba diciendo que no se atreve a ir sola, porque teme ser insultada por...

—¿Por quién?

—Bien se comprende. Por ese ingeniero de tres mil o cuatro mil docenas de demonios. Anoche mi sobrina le vio allí y le dijo cuatro frescas, por cuya razón no las tiene todas consigo esta noche. El mocito es vengativo y procaz.

—No sé si podré ir... –indicó Caballuco–; como ando ahora escondido, no puedo desafiar al D. José Poquita Cosa. Si yo no estuviera como estoy, con media cara tapada y la otra medio descubierta, ya le habría roto treinta veces el espinazo. ¿Pero qué sucede si caigo sobre él? Que me descubro; caen sobre mí los soldados, y adiós Caballuco. En cuanto a darle un golpe a traición, es cosa que no sé hacer, ni está en mi natural, ni la señora lo consiente tampoco. Para solfas [100] con alevosía no sirve Cristóbal Ramos.

—Pero hombre, ¿estamos locos?... ¿qué está usted hablando? –dijo el Penitenciario con innegables muestras de asombro–. Ni por pienso le aconsejo yo a V. que maltrate a ese caballero. Antes me dejaré cortar la lengua que aconsejar una bellaquería. Los malos caerán, es verdad; pero Dios es quien debe fijar el momento, no yo. No se trata tampoco de dar palos. Antes recibiré yo diez docenas de ellos que recomendar a un cristiano la administración de tales medicinas. Sólo digo a V. una cosa (añadió, mirando al bravo por encima de los espejuelos), y es, que como mi sobrina va allá, como es probable, muy probable, ¿no es eso, Remedios?... que tenga que decir algunas palabrejas [101] a ese hombre, recomiendo a V. que no la desampare en caso de que se vea insultada...

—Esta noche tengo que hacer –repuso lacónica y secamente Caballuco.

—Ya lo oyes, Remedios. Deja tu diligencia para mañana.

100 *Solfas*: zurras, palizas.
101 *Palabrejas*: despectivo de "palabras".

—Eso sí que no puede ser. Iré sola.

—No, no irás, sobrina mía. Tengamos la fiesta en paz. El Sr. Ramos tiene que hacer y no puede acompañarte. Figúrate que eres injuriada por ese hombre grosero...

—¡Insultada... insultada una señora por ese...! —exclamó Caballuco—. No puede ser.

—Si Vd. no tuviera ocupaciones... ¡bah, bah!, ya estaría yo tranquilo.

—Ocupaciones tengo —dijo el Centauro levantándose de la mesa—, pero si es empeño de Vd...

Hubo una pausa. El Penitenciario había cerrado los ojos y meditaba.

—Empeño mío es, sí, Sr. Ramos —dijo al fin.

—Pues no hay más que hablar. Iremos, señora doña María.

—Ahora, querida sobrina —dijo D. Inocencio entre serio y jovial—, puesto que hemos concluido de cenar, tráeme la jofaina.

Dirigió a su sobrina una mirada penetrante, y acompañándolas de la acción correspondiente, profirió estas palabras:

—Yo me lavo las manos.

# – XXVII –

## *De Pepe Rey a D. Juan Rey*

Orbajosa 12 de Abril.

"Querido padre: perdóneme Vd. si por primera vez le desobedezco no saliendo de aquí, ni renunciando a mi propósito. El consejo y ruego de usted son propios de un padre bondadoso y honrado: mi terquedad es propia de un hijo insensato; pero en mí pasa una cosa singular: terquedad y honor se han juntado y confundido de tal modo, que la idea de disuadirme y ceder me causa vergüenza. He cambiado mucho. Yo no conocía estos furores que me abrasan. Antes me reía de toda obra violenta, de las exageraciones de los hombres impetuosos, como de las brutalidades de los malvados. Ya nada de esto me asombra, porque en mí mismo encuentro a todas horas cierta capacidad terrible para la perversidad. A Vd. puedo hablarle como se habla a solas con Dios y con la conciencia; a Vd. puedo decirle que soy un miserable, porque es un miserable quien carece de aquella poderosa fuerza moral contra sí mismo, que castiga las pasiones y somete la vida al duro régimen de la conciencia. He carecido de la entereza cristiana que contiene el espíritu del hombre ofendido en un hermoso estado de elevación sobre las ofensas que recibe y los enemigos que se las hacen; he tenido la debilidad de abandonarme a una ira loca, poniéndome al bajo nivel de mis detractores, devolviéndoles golpes iguales a los suyos y tratando de confundirlos por medios aprendidos en su propia indigna escuela. ¡Cuánto siento que no estuviera Vd. a mi lado para apartarme de este camino! Ya es tarde. Las pasiones no tienen espera. Son impacientes y piden su presa a gritos y con la convulsión de una espantosa sed moral. He sucumbido. No puedo olvidar lo que tantas veces me ha dicho V., y es que la ira puede llamarse la peor de las pasiones, porque transformando de improviso nuestro carácter, engendra todas las demás pasiones, y a todas les presta su infernal llamarada.

"Pero no ha sido sola la ira, sino un fuerte sentimiento expansivo, lo que me ha traído a tal estado, el amor profundo y entrañable que profeso a mi prima, única circunstancia que me absuelve. Y si el amor no, la compasión me habría impulsado a desafiar el furor y las intrigas de su terrible hermana de Vd., porque la pobre Rosario, colocada entre un afecto irresistible y su madre, es hoy uno de los seres más desgraciados que existen sobre la tierra. El amor que me tiene y que corresponde al mío, ¿no me da derecho a abrir, como pueda, las puertas de su casa y sacarla de allí, empleando la ley hasta donde la ley alcance, y usando la fuerza desde el punto en que la ley me desampare? Creo que la rigurosísima escrupulosidad moral de Vd. no dará una respuesta afirmativa a esta proposición, pero yo he dejado de ser aquel carácter metódico y puro formado en su conciencia con la exactitud de un tratado. Ya no soy aquel a quien una educación casi perfecta dio pasmosa regularidad en sus sentimientos; ahora soy un hombre como otro cualquiera; de un solo paso he entrado en el terreno común de lo injusto y de lo malo. Prepárese usted a oír cualquier barbaridad que será obra mía. Yo cuidaré de notificar a Vd. las que vaya cometiendo.

"Pero ni la confesión de mis culpas me quitará la responsabilidad de los sucesos graves que han ocurrido y ocurrirán; ni esta, por mucho que argumente, recaerá toda entera sobre su hermana de usted. La responsabilidad de doña Perfecta es inmensa, seguramente. ¿Cuál será la extensión de la mía? ¡Ah!, querido padre. No crea Vd. nada de lo que oiga respecto a mí, y aténgase tan sólo a lo que yo le revele. Si le dicen que he cometido una villanía deliberada, responda que es mentira. Difícil, muy difícil me es juzgarme a mí mismo en el estado de turbación en que me hallo; pero me atrevo a asegurar que no he producido deliberadamente el escándalo. Bien sabe Vd. a dónde puede llegar la pasión favorecida en su horrible crecimiento invasor por las circunstancias.

"Lo que más amarga mi vida es haber empleado la ficción, el engaño y bajos disimulos. ¡Yo que era la verdad misma! He perdido mi propia hechura... Pero ¿es esto la perversidad mayor en que puede incurrir el alma? ¿Empiezo ahora o acabo? Nada sé. Si Rosario con su mano celeste no me saca de este infierno de mi conciencia, deseo que venga usted a sacarme. Mi prima es un ángel, y padeciendo por mí, me ha enseñado muchas cosas que antes no sabía.

"No extrañe Vd. la incoherencia de lo que escribo. Diversos sentimientos me inflaman. Me asaltan a ratos ideas, dignas verdaderamente de mi alma inmortal; pero a ratos caigo también en desfallecimiento lamentable, y pienso en los hombres débiles y menguados, cuya bajeza me ha pintado Vd. con vivos colores para que los aborrezca. Tal como hoy me hallo, estoy dispuesto al mal y al bien. Dios tenga piedad de mí. Ya sé lo que es la oración, una súplica grave y reflexiva, tan personal, que no se aviene con fórmulas aprendidas de memoria, una expansión del alma que se atreve a extenderse hasta buscar su origen, lo contrario del remordimiento que es una contracción de la misma alma, envolviéndose y ocultándose, con la ridícula pretensión de que nadie la vea. Vd. me ha enseñado muy buenas cosas; pero ahora estoy en prácticas, como decimos los ingenieros; hago estudios sobre el terreno, y con esto mis conocimientos se ensanchan y fijan... Se me está figurando ahora que no soy tan malo como yo mismo creo. ¿Será así?

"Concluyo esta carta a toda prisa. Tengo que enviarla con unos soldados que van hacia la estación de Villahorrenda, porque no hay que fiarse del correo de esta gente".

. . . . . . . . . . . . . . . . . . . . . . . . . . . . . . . . . . . . . . . . . . . . . . . . . . . . . . . . .

14 de Abril.

"Le divertiría a Vd., querido padre, si pudiera hacerle comprender cómo piensa la gente de este poblachón. Ya sabrá Vd. que casi todo este país se ha levantado en armas. Era cosa prevista, y los políticos se equivocan si creen que es cosa de un par de días. La hostilidad contra nosotros y contra el Gobierno la tienen los orbajosenses en su espíritu, formando parte de él como la fe religiosa. Concretándome a la cuestión particular con mi tía, diré a Vd. una cosa singular; la pobre señora, que tiene el feudalismo en la médula de los huesos, ha imaginado que yo voy a atacar su casa para robarle su hija, como los señores de la Edad Media atacaban un castillo enemigo para consumar cualquier desafuero. No se ría Vd., que es verdad: tales son las ideas de esta gente. Excuso decir a usted que me tiene por un monstruo, por una especie de rey moro herejote [102], y los militares con quienes he hecho amistad aquí, no merecen mejor concepto. En casa de doña Perfecta es cosa corriente que la tropa y yo formamos una coalición diabólica y anti–religiosa para quitarle a Orbajosa sus tesoros, su fe y sus muchachas. Me consta que su hermana de usted cree a pie juntillas [103] que yo le voy a tomar por asalto la casa, y no es dudoso que detrás de la puerta habrá alguna barricada.

"Pero no puede ser de otra manera. Aquí tienen las ideas más anticuadas acerca de la sociedad, de la religión, del Estado, de la propiedad. La exaltación religiosa que les impulsa a emplear la fuerza contra el Gobierno, por defender una fe que nadie ha atacado y que ellos no tienen tampoco, despierta en su ánimo resabios feudales, y como resolverían todas sus cuestiones por la fuerza bruta y a sangre y fuego, degollando a todo el que no piense como ellos, creen que no hay en el mundo quien emplee otros medios.

"Lejos de ser mi intento hacer quijotadas en la casa de esa señora, he procurado evitarle algunas molestias, de que no se libraron los demás vecinos. Por mi amistad con el brigadier no les han obligado a presentar, como se mandó, una lista de todos los hombres de su servidumbre que se han marchado con la facción; y si se le registró la casa, me consta que fue por fórmula; y si le desarmaron los seis hombres que allí tenía, después ha puesto otros tantos y nada

---

102 *Herejote*: aumentativo (despectivo) de "hereje".
103 *A pie juntillas*: indubitablemente, con seguridad, sin dudar.

se le ha hecho. Vea usted a lo que está reducida mi hostilidad a la señora.

Verdad es que yo tengo el apoyo de los jefes militares; pero lo utilizo tan sólo para no ser insultado o maltratado por esta gente implacable. Mis probabilidades de éxito consisten en que las autoridades recientemente puestas por el jefe militar son todas amigas. Tomo de ellas mi fuerza moral y les intimido. No sé si me veré en el caso de cometer alguna acción violenta; pero no se asuste usted, que el asalto y toma de la casa es una pura y loca preocupación feudal de su hermana de Vd. La casualidad me ha puesto en situación ventajosa. La ira, la pasión que arde en mí me impulsarán a aprovecharla. No sé hasta dónde iré".

. . . . . . . . . . . . . . . . . . . . . . . . . . . . . . . . . . . . . . . . . . . . . . .

17 de Abril.

"La carta de Vd. me ha dado un gran consuelo. Sí; puedo conseguir mi objeto, usando tan sólo los recursos de la ley, eficaces completamente para esto. He consultado a las autoridades de aquí y todas me confirman en lo que Vd. me indica. Estoy contento. Ya que he inculcado en el ánimo de mi prima la idea de la desobediencia, que sea al menos al amparo de las leyes sociales. Haré lo que usted me manda, es decir, renunciaré a la colaboración un poco fea de Pinzón; destruiré la solidaridad aterradora que establecí con los militares; dejaré de envanecerme con el poder de ellos; pondré fin a las aventuras, y en el momento oportuno procederé con calma, prudencia y toda la benignidad posible. Mejor es así. Mi coalición, mitad seria, mitad burlesca, con el ejército ha tenido por objeto ponerme al amparo de las brutalidades de los orbajosenses y de los criados y deudos de mi tía. Por lo demás, siempre he rechazado la idea de lo que llamamos *la intervención armada*.

"El amigo que me favorecía ha tenido que salir de la casa, pero no estoy en completa incomunicación con mi prima. La pobrecita demuestra un valor heroico en medio de sus penas, y me obedecerá ciegamente.

"Esté Vd. sin cuidado respecto a mi seguridad personal. Por mi parte nada temo, y estoy muy tranquilo".

. . . . . . . . . . . . . . . . . . . . . . . . . . . . . . . . . . . . . . . . . . . . . . .

20 de Abril.

"Hoy no puedo escribir más que dos líneas. Tengo mucho que hacer. Todo concluirá dentro de unos días. No me escriba Vd. más a este lugarón [104]. Pronto tendrá el gusto de abrazarle su hijo,

Pepe"

104 *Lugarón*: aumentativo (despectivo) de "lugar".

# – XXVIII –

## *De Pepe Rey a Rosarito Polentinos*

"Dale a Estebanillo la llave de la huerta y encárgale que cuide del perro. El muchacho está vendido a mí en cuerpo y alma. No temas nada. Sentiré mucho que no puedas bajar, como la otra noche. Haz todo lo posible por conseguirlo. Yo estaré allí después de media noche. Te diré lo que he resuelto y lo que debes hacer. Tranquilízate, niña mía, porque he abandonado todo recurso imprudente y brutal. Ya te contaré. Esto es largo y debe ser hablado. Me parece que veo tu susto y congoja al considerarme tan cerca de ti. Pero hace ocho días que no te he visto. He jurado que esta ausencia de ti concluirá pronto, y concluirá. El corazón me dice que te veré. Maldito sea yo si no te veo".

# – XXIX –

## *El ojeo*

Una mujer y un hombre penetraron después de las diez en la posada de la viuda de Cuzco, y salieron de ella dadas las once y media.

—Ahora, señora doña María –dijo el hombre–, la llevaré a usted a su casa, porque tengo que hacer.

—Aguarde V., Sr. Ramos, por amor de Dios –repuso ella–. ¿Por qué no nos llegamos al Casino a ver si sale? Ya ha oído Vd... Esta tarde estuvo hablando con él Estebanillo, el chico de la huerta.

—¿Pero Vd. busca a D. José? –preguntó el Centauro de muy mal humor–. ¿Qué nos importa? El noviazgo con doña Rosarito paró donde debía parar, y ahora no hay más remedio sino que la señora tiene que casarlos. Esa es mi opinión.

—Usted es un animal –dijo Remedios con enfado.

—Señora, yo me voy.

—Pues qué, hombre grosero, ¿me va Vd. a dejar sola en medio de la calle?

—Si Vd. no se va pronto a su casa, sí señora.

—Eso es... me deja Vd. sola, expuesta a ser insultada... Oiga Vd., Sr. Ramos. D. José saldrá ahora del Casino, como de costumbre. Quiero saber si entra en su casa o sigue adelante. Es un capricho, nada más que un capricho.

—Yo lo que sé es que tengo que hacer, y van a dar las doce.

—Silencio –dijo Remedios–, ocultémonos detrás de la esquina... Un hombre viene por la calle de la Tripería alta. Es él.

—Don José... Le conozco en el modo de andar.

Se ocultaron y el hombre pasó.

—Sigámosle –dijo María Remedios con zozobra–. Sigámosle a corta distancia, Ramos.

—Señora...

—Nada más sino hasta ver si entra en su casa.

—Un minutillo nada más, doña Remedios. Después me marcharé.

Anduvieron como treinta pasos, a regular distancia del hombre que observaban. La sobrina del Penitenciario se detuvo al fin, y pronunció estas palabras.

—No entra en su casa.

—Irá a casa del brigadier.

—El brigadier vive hacia arriba, y D. Pepe va hacia abajo, hacia la casa de la señora.

—¡De la señora! –exclamó Caballuco andando a prisa.

Pero se engañaban; el espiado pasó por delante de la casa de Polentinos, y siguió adelante.

—¿Ve Vd. cómo no?

—Sr. Ramos, sigámosle –dijo Remedios oprimiendo convulsamente la mano del Centauro–. Tengo una corazonada.

—Pronto hemos de saberlo, porque el pueblo se acaba.

—No vayamos tan a prisa... puede vernos... Lo que yo pensé, Sr. Ramos; va a entrar por la puerta condenada de la huerta.

—¡Señora, Vd. se ha vuelto loca!

—Adelante, y lo veremos.

La noche era oscura y no pudieron los observadores precisar dónde había entrado el señor de Rey; pero cierto ruido de bisagras mohosas que oyeron, y la circunstancia de no encontrar al joven en todo lo largo de la tapia, les convencieron de que se había metido dentro de la huerta. Caballuco miró a su interlocutora con estupor. Parecía lelo.

—¿En qué piensa Vd...? ¿Todavía duda Vd.?

—¿Qué debo hacer? –preguntó el bravo lleno de confusión–. ¿Le daremos un susto?... No sé lo que pensará la señora. Dígolo porque esta noche estuve a verla, y me pareció que la madre y la hija se reconciliaban.

—No sea Vd. bruto... ¿Por qué no entra Vd.?

—Ahora me acuerdo de que los mozos armados ya no están ahí, porque yo les mandé salir esta noche.

—Y aún duda este marmolejo [105] lo que ha de hacer. Ramos, no sea Vd. cobarde y entre en la huerta.

—¿Por dónde, si han cerrado la puertecilla?

—Salte Vd. por encima de la tapia... ¡Qué pelmazo! Si yo fuera hombre...

—Pues arriba... Aquí hay unos ladrillos gastados por donde suben los chicos a robar fruta.

—Arriba pronto. Yo voy a llamar a la puerta principal para que despierte la señora, si es que duerme.

El Centauro subió, no sin dificultad. Montó a caballo breve instante sobre el muro, y después desapareció entre la negra espesura de los árboles. María Remedios corrió desalada hacia la calle del Condestable, y cogiendo el aldabón de la puerta principal, llamó... llamó con toda el alma y la vida tres veces.

105 *Marmolejo*: columna pequeña. Por extensión, hombre pequeño.

# – XXX –

## *Doña Perfecta*

Ved con cuánta tranquilidad se consagra a la escritura la señora doña Perfecta. Penetrad en su cuarto, apesar de lo avanzado de la hora, y la sorprenderéis en grave tarea, compartido su espíritu entre la meditación y unas largas y concienzudas cartas que traza a ratos con segura pluma y correctos perfiles. Dale de lleno en el rostro y busto y manos la luz del quinqué, cuya pantalla deja en dulce penumbra el resto de la persona y la pieza casi toda. Parece una figura luminosa evocada por la imaginación en medio de las vagas sombras del miedo.

Es extraño que hasta ahora no hayamos hecho una afirmación muy importante, y es que Doña Perfecta era hermosa, mejor dicho, era todavía hermosa, conservando en su semblante rasgos de acabada belleza. La vida del campo, la falta absoluta de presunción, el no vestirse, el no acicalarse, el odio a las modas, el desprecio de las vanidades cortesanas eran causa de que su nativa hermosura no brillase o brillase muy poco. También la desmejoraba mucho la intensa amarillez desu rostro, indicando una fuerte constitución biliosa.

Negros y rasgados los ojos, fina y delicada la nariz, ancha y despejada la frente, todo observador la consideraba como acabado tipo de la humana figura: pero había en aquellas facciones cierta expresión de dureza y soberbia que era causa de antipatía. Así como otras personas, aun siendo feas, llaman, doña Perfecta despedía. Su mirar, aun acompañado de bondadosas palabras, ponía entre ella y las personas extrañas la infranqueable distancia de un respeto receloso; mas para las de casa, es decir, para sus deudos, parciales y allegados, tenía una singular atracción. Era maestra en dominar, y nadie la igualó en el arte de hablar el lenguaje que mejor cuadraba a cada oreja [106].

Su hechura biliosa, y el comercio excesivo con personas y cosas devotas, que exaltaban sin fruto ni objeto su imaginación, la habían envejecido prematuramente, y, siendo joven, no lo parecía. Podría decirse de ella que con sus hábitos y su sistema de vida se había labrado una corteza, un forro pé-

---

106 *Que mejor cuadraba a cada oreja*: que más agradaba a quien la oía.

treo, insensible, encerrándose dentro como el caracol en su casa portátil. Doña Perfecta salía pocas veces de su concha.

Sus costumbres intachables, y aquella bondad pública que hemos observado en ella desde el momento de su aparición en nuestro relato, eran causa de su gran prestigio en Orbajosa. Sostenía además relaciones con excelentes damas de Madrid, y por este medio consiguió la destitución de su sobrino. Ahora, en el momento presente de nuestra historia, la hallamos sentada junto al pupitre, que es el confidente único de sus planes y el depositario de sus cuentas numéricas con los aldeanos, y de sus cuentas morales con Dios y la sociedad. Allí escribió las cartas que trimestralmente recibía su hermano; allí redactaba las esquelitas para incitar al juez y al escribano a que embrollaran los pleitos de Pepe Rey, allí armó el lazo en que este perdiera la confianza del Gobierno; allí conferenciaba largamente con D. Inocencio. Para conocer el escenario de otras acciones cuyos efectos hemos visto, sería preciso seguirla al palacio episcopal y a varias casas de familias amigas.

No sabemos cómo hubiera sido doña Perfecta amando. Aborreciendo tenía la inflamada vehemencia de un ángel tutelar de la discordia entre los hombres. Tal es el resultado producido en un carácter duro y sin bondad nativa por la exaltación religiosa, cuando esta, en vez de nutrirse de la conciencia y de la verdad revelada en principios tan sencillos como hermosos, busca su savia en fórmulas estrechas que sólo obedecen a intereses eclesiásticos. Para que la mojigatería sea inofensiva, es preciso que exista en corazones muy puros. Verdad es que aun en este caso es infecunda para el bien. Pero los corazones que han nacido sin la seráfica limpieza que establece en la tierra un Limbo prematuro, cuiden bien de no inflamarse mucho con lo que ven en los retablos, en los coros, en los locutorios y en las sacristías, si antes no han elevado en su propia conciencia un altar, un púlpito y un confesonario.

La señora, dejando a ratos la escritura, pasaba a la pieza inmediata donde estaba su hija. A Rosarito se le había mandado que durmiera, pero ella, precipitada ya por el despeñadero de la desobediencia, velaba.

—¿Por qué no duermes? –le preguntó su madre–. Yo no pienso acostarme en toda la noche. Ya sabes que Caballuco se ha llevado los hombres que teníamos aquí. Puede suceder cualquier cosa, y yo vigilo... Si yo no vigilara, ¿qué sería de ti y de mí?...

—¿Qué hora es? –preguntó la muchacha.

—Pronto será media noche... Tú no tendrás miedo... pero yo lo tengo.

Rosarito temblaba, y todo indicaba en ella la más negra congoja. Sus ojos se dirigían al cielo, como cuando se quiere orar; miraban luego a su madre, expresando un terror muy vivo.

—Pero, ¿qué tienes?

—¿Ha dicho Vd. que era media noche?

—Sí.

—Pues... ¿pero es ya media noche?

Rosario quería hablar, sacudía la cabeza, encima de la cual se le había puesto un mundo.

—Tú tienes algo... a ti te pasa algo –dijo la madre clavando en ella los sagaces ojos.

—Sí... quería decirle a Vd. –balbució la muchacha–, quería decir... Nada, nada, me dormiré.

—Rosario, Rosario. Tu madre lee en tu corazón como en un libro –exclamó doña Perfecta con severidad–. Tú estás agitada. Ya te he dicho que estoy dispuesta a perdonarte si te arrepientes; si eres una niña buena y formal.

—Pues qué, ¿no soy buena yo? ¡Ay, mamá, mamá mía, yo me muero!

Rosario prorrumpió en llanto congojoso y dolorido.

—¿A qué vienen estos lloros? –dijo su madre abrazándola–. Si son las lágrimas del arrepentimiento, benditas sean.

—Yo no me arrepiento, yo no puedo arrepentirme –gritó la joven con arrebato de desesperación que la puso sublime.

Irguió la cabeza, y en su semblante se pintó súbita, inspirada energía. Los cabellos le caían sobre la espalda. No se ha visto imagen más hermosa de un ángel dispuesto a rebelarse.

—¿Pero te vuelves loca o qué es esto? –dijo doña Perfecta poniéndole ambas manos sobre los hombros.

—¡Me voy, me voy! –dijo la joven, expresándose con la exaltación del delirio.

Y se lanzó fuera del lecho.

—Rosario, Rosario... Hija mía... ¡Por Dios! ¿Qué es esto?

—¡Ay!, mamá, señora –exclamó la joven abrazándose a su madre–. Áteme Vd.

—En verdad, lo merecías... ¿Qué locura es esta?

—Áteme Vd... Yo me marcho, me marcho con él.

Doña Perfecta sintió borbotones de fuego que subían de su corazón a sus labios. Se contuvo, y sólo con sus ojos negros, más negros que la noche, contestó a su hija.

—¡Mamá, mamá mía, yo aborrezco todo lo que no sea él! –exclamó Rosario–. Óigame Vd. en confesión, porque quiero confesarlo a todos, y a Vd. la primera.

—Me vas a matar, me estás matando –murmuró la madre poniéndose lívida.

—Yo quiero confesarlo, para que Vd. me perdone... Este peso, este peso que tengo encima no me deja vivir...

—¡El peso de un pecado!... Añádele encima la maldición de Dios, y prueba a andar con ese fardo, desgraciada... Sólo yo puedo quitártelo.

—No, Vd. no, Vd. no –gritó Rosario con desesperación–. Pero óigame

Vd., quiero confesarlo todo, todo... Después arrójeme Vd. de esta casa, donde he nacido.

—¡Arrojarte yo!...

—Pues me marcharé.

—Menos. Yo te enseñaré los deberes de hija que has olvidado.

—Pues huiré; él me llevará consigo.

—¿Te lo ha dicho, te lo ha aconsejado, te lo ha mandado? –preguntó doña Perfecta, lanzando estas palabras como rayos sobre su hija.

—Me lo aconseja... Hemos concertado casarnos. Es preciso, mamá, mamá mía querida. Yo la amaré a Vd... Conozco que debo amarla... Me condenaré si no la amo.

Se retorcía los brazos y cayendo de rodillas, besó los pies a su madre...

—¡Rosario, Rosario! –exclamó doña Perfecta con terrible acento–. Levántate.

Hubo una pequeña pausa.

—¿Ese hombre te ha escrito?

—Sí.

—¿Le has visto después de aquella noche?

—Sí.

—¡Y tú...!

—Yo también... ¡Oh!, señora. ¿Por qué me mira usted así? Vd. no es mi madre.

—Ojalá no. Gózate en el daño que me haces. Me matas, me matas sin remedio –gritó la señora con indecible agitación–. Dices que ese hombre...

—Es mi esposo... Yo seré suya, protegida por la ley... Vd. no es mujer... ¿Por qué me mira Vd. de ese modo que me hace temblar?... Madre, madre mía, no me condene Vd.

—Ya tú te has condenado: basta. Obedéceme y te perdonaré... Responde: ¿cuándo recibiste cartas de ese hombre?

—Hoy.

—¡Qué traición! ¡Qué infamia! –exclamó la madre antes bien rugiendo que hablando–. ¿Esperabais veros?

—Sí.

—¿Cuándo?

—Esta noche.

—¿Dónde?

—Aquí, aquí. Todo lo confieso, todo. Sé que es un delito... Soy muy infame; pero Vd., Vd., que es mi madre, me sacará de este infierno. Consienta usted... Dígame Vd. una palabra, una sola.

—¡Ese hombre aquí, en mi casa! –gritó doña Perfecta dando algunos pasos que parecían saltos hacia el centro de la habitación.

Rosario la siguió de rodillas. En el mismo instante oyéronse tres golpes, tres estampidos, tres cañonazos. Era el corazón de María Remedios que tocaba a la puerta, agitando la aldaba. La casa se estremecía con temblor pavoroso. Madre e hija se quedaron como estatuas.

Bajó a abrir un criado, y poco después, en la habitación de Doña Perfecta, entró María Remedios, que no era mujer, sino un basilisco envuelto en un mantón. Su rostro encendido por la ansiedad despedía fuego.

—Ahí está, ahí está –dijo al entrar–. Se ha metido en la huerta por la puertecilla condenada...

Tomaba aliento a cada sílaba.

—Ya entiendo –repitió doña Perfecta con una especie de bramido.

Rosario cayó exánime al suelo y perdió el conocimiento.

—Bajemos –dijo doña Perfecta sin hacer caso del desmayo de su hija.

Las dos mujeres se deslizaron por la escalera como dos culebras. Las criadas y el criado estaban en la galería sin saber qué hacer. Doña Perfecta pasó por el comedor a la huerta, seguida de María Remedios.

—Afortunadamente tenemos ahí a Ca... Ca... Caballuco –dijo la sobrina del canónigo.

—¿Dónde?

—En la huerta también... Sal... sal... saltó la tapia.

Doña Perfecta exploró la oscuridad con sus ojos llenos de ira. El rencor les daba la singular videncia de la raza felina.

—Allí veo un bulto... –dijo–. Va hacia las adelfas.

—Es él –gritó Remedios–. Pero allá aparece Ramos... ¡Ramos!

Distinguieron perfectamente la colosal figura del Centauro.

—Hacia las adelfas... Ramos, hacia las adelfas...

Doña Perfecta adelantó algunos pasos. Su voz ronca, que vibraba con acento terrible, disparó estas palabras:

—Cristóbal, Cristóbal... ¡mátale!

Oyose un tiro.

Después otro.

# – XXXI –

## *FINAL*

De D. Cayetano Polentinos a un su amigo de Madrid

Orbajosa 21 de Abril.

"Querido amigo: Envíeme Vd. sin tardanza la edición de 1622 que dice ha encontrado entre los libros de la testamentaría de Corchuelo. Pago ese ejemplar a cualquier precio. Hace tiempo que lo busco inútilmente, y me tendré por mortal venturosísimo poseyéndolo. Ha de hallar Vd. en el *colophon* [17] un casco con emblema sobre la palabra *Tractado*, y la segunda X de la fecha MDCXXII ha de tener el rabillo torcido. Si en efecto, concuerdan estas señas con el ejemplar, póngame Vd. un parte telegráfico, porque estoy muy inquieto... aunque ahora me acuerdo de que el telégrafo, con motivo de estas importunas y fastidiosas guerras, no funciona. A correo vuelto espero la contestación.

"Pronto, amigo mío, pasaré a Madrid con objeto de imprimir este tan esperado trabajo de los *Linajes de Orbajosa*. Agradezco a Vd. su benevolencia, mi querido amigo; pero no puedo admitirla en lo que tiene de lisonja. No merece mi trabajo, en verdad, los pomposos calificativos con que Vd. lo encarece; es obra de paciencia y estudio, monumento tosco, pero sólido y grande, que elevo a las grandezas de mi amada patria. Pobre y feo en su hechura, tiene de noble la idea que lo ha engendrado, la cual no es otra que convertir los ojos de esta generación descreída y soberbia hacia los maravillosos hechos y acrisoladas virtudes de nuestros antepasados. ¡Ojalá que la juventud estudiosa de nuestro país diera este paso a que con todas mis fuerzas la incito! ¡Ojalá fueran puestos en perpetuo olvido los abominables estudios y hábitos intelectuales introducidos por el desenfreno escolástico y las erradas doctrinas! ¡Ojalá se emplearan exclusivamente nuestros sabios en la contemplación de aquellas gloriosas edades, para que, penetrados de la sustancia y benéfica savia de ellas los modernos tiempos, desapareciera este loco afán de mudanzas y esta ridícula manía de apropiarnos ideas extrañas, que pugnan con nuestro primoroso organismo nacional! Temo mucho que mis deseos no se vean cumplidos, y que la contemplación de las perfecciones pasadas quede circunscrita al estrecho círculo en que hoy se halla, entre el torbellino de la demente juventud que corre detrás de vanas utopías y bárbaras novedades. ¡Cómo ha de ser, amigo mío! Creo que dentro de algún tiempo ha de estar nuestra pobre España tan desfigurada, que no se conocerá ella misma ni aun mirándose en el clarísimo espejo de su limpia historia.

"No quiero levantar mano de esta carta sin participar a Vd. un suceso desagradable; la desastrosa muerte de un estimable joven muy conocido en Madrid, el ingeniero de caminos D. José de Rey, sobrino de mi cuñada. Acaeció este triste suceso anoche en la huerta de nuestra casa, y aún no he formado juicio exacto sobre las causas que pudieron arrastrar al desgraciado Rey a esta horrible y criminal determinación. Según me ha referido Perfecta esta mañana cuando volví de Mundo Grande, Pepe Rey a eso de las doce de la noche, penetró en la huerta de esta casa y se pegó un tiro en la sien derecha, quedando muerto en el acto. Figúrese usted la consternación y alarma que se produciría en esta pacífica y honrada mansión. La pobre Perfecta se impresionó tan vivamente, que nos hemos asustado; pero ya está mejor, y esta tarde hemos logrado que tome un sopicaldo. Empleamos todos los medios de consolarla, y como es buena cristiana, sabe soportar con edificante resignación las mayores desgracias.

"Acá para entre los dos, amigo mío, diré a usted, que en el terrible atentado del joven Rey contra su propia existencia, debió influir grandemente una pasión contrariada, tal vez los remordimientos por su conducta y el estado de hipocondría amarguísima en que se encontraba su espíritu. Yo le apreciaba mucho; creo que no carecía de excelentes cualidades; pero aquí estaba tan mal estimado, que ni una sola vez oí hablar bien de él. Según dicen, hacía alarde de ideas y opiniones extravagantísimas; burlábase de la religión; entraba en la iglesia fumando y con el sombrero puesto; no respetaba nada y para él no había en el mundo pudor, ni virtudes, ni alma, ni ideal, ni fe, sino tan sólo teodolitos, escuadras, reglas, máquinas, niveles, picos y azadas. ¿Qué tal? En honor de la verdad, debo decir, que en sus conversaciones conmigo, siempre disimuló tales ideas, sin duda por miedo a ser destrozado por la metralla de mis argumentos; pero de público se refieren de él mil cuentos de herejías estupendas y desafueros.

"No puedo seguir, querido, porque en este momento siento tiros de fusilería. Como no me entusiasman los combates, ni soy guerrero, el pulso me flaquea un tantico. Ya le impondrá a Vd. de algunos pormenores de esta guerra, su afectísimo, etc., etc.".

22 de Abril.

"Mi inolvidable amigo: Hoy hemos tenido una sangrienta refriega en las inmediaciones de Orbajosa. La gran partida levantada en Villahorrenda ha sido atacada por las tropas con gran coraje. Ha habido muchas bajas por una y otra parte. Después se dispersaron los bravos guerrilleros; pero van muy envalentonados, y quizá oiga Vd. maravillas. Mándalos, a pesar de estar herido en un brazo, no se sabe cómo ni cuándo, Cristóbal Caballuco, hijo de aquel egregio Caballuco que usted conoció en la pasada guerra. Es el caudillo actual hombre de grandes condiciones para el mando, y además honrado y sencillo. Como al fin hemos de presenciar un arreglito amistoso, presumo que Caballuco será general del ejército español, con lo cual uno y otro ganarán mucho.

"Yo deploro esta guerra, que va tomando proporciones alarmantes; pero reconozco que nuestros bravos campesinos no son responsables de ella, pues han sido provocados al cruento batallar por la audacia del Gobierno, por la desmoralización de sus sacrílegos delegados, por la saña sistemática con que los representantes del Estado atacan lo más venerando que existe en la conciencia de los pueblos, la fe religiosa y el acrisolado españolismo, que por fortuna se conservan en lugares no infestados aún de la asoladora pestilencia. Cuando a un pueblo se le quiere quitar su alma para infundirle otra; cuando se le quiere descastar, digámoslo así, mudando sus sentimientos, sus costumbres, sus ideas, es natural que ese pueblo se defienda, como el que en mitad de solitario camino se ve asaltado de infames ladrones. Lleven a las esferas del Gobierno el espíritu y la salutífera sustancia de mi obra de los *Linajes* (perdóneme Vd. la inmodestia), y entonces no habrá guerras.

"Hoy hemos tenido aquí una cuestión muy desagradable. El clero, amigo mío, se ha negado a enterrar en sepultura sagrada al infeliz Rey. Yo he intervenido en este asunto, impetrando del señor obispo que levantara anatema de tanto peso; pero nada se ha podido conseguir. Por fin hemos empaquetado el cuerpo del joven en un hoyo que se hizo en el campo de Mundo–Grande, donde mis pacienzudas exploraciones han descubierto la riqueza arqueológica que Vd. conoce. He pasado un rato muy triste, y aún me dura la penosísima impresión que recibí. D. Juan Tafetán y yo somos los únicos que acompañaron el fúnebre cortejo. Poco después fueron allá (cosa rara) esas que llaman aquí las Troyas, y rezaron largo rato sobre la rústica tumba del matemático. Aunque esto parecía una oficiosidad ridícula, me conmovió.

"Respecto de la muerte de Rey, corre por el pueblo el rumor de que fue asesinado. No se sabe por quién. Aseguran que él lo declaró así, pues vivió como hora y media. Guardó secreto, según dicen, respecto a quién fue su matador. Repito esta versión sin desmentirla ni apoyarla. Perfecta no quiere que se hable de este asunto, y se aflige mucho siempre que lo tomo en boca.

"La pobrecita, apenas ocurrida una desgracia, experimenta otra que a todos nos contrista mucho. Amigo mío, ya tenemos una nueva víctima de la funestísima y rancia enfermedad connaturalizada en nuestra familia. La pobre Rosario, que iba saliendo adelante, gracias a nuestros cuidados, está ya perdida de la cabeza. Sus palabras incoherentes, su atroz delirio, su palidez mortal, recuérdanme a mi madre y hermana. Este caso es el más grave que he presenciado en mi familia, pues no se trata de manías, sino de verdadera locura. Es triste, tristísimo, que entre tantos, yo sea el único que ha logrado escapar, conservando mi juicio sano y entero, y totalmente libre de ese funesto mal.

"No he podido dar sus expresiones de Vd. a don Inocencio, porque el pobrecito se nos ha puesto malo de repente y no recibe a nadie, ni permite que le vean sus más íntimos amigos. Pero estoy seguro de que le devuelve a Vd. sus recuerdos, y no dude que pondrá mano al instante en la traducción de varios epigramas latinos que Vd. le recomienda... Suenan tiros otra vez. Dicen que tendremos gresca esta tarde. La tropa acaba de salir".

. . . . . . . . . . . . . . . . . . . . . . . . . . . . . . . . . . . . . . . . . . . . . . . . . . . . .

Barcelona 1.º de Junio.

"Acabo de llegar aquí después de dejar a mi sobrina Rosario en San Baudilio de Llobregat. El director del establecimiento me ha asegurado que es un caso incurable. Tendrá, sí, una asistencia esmeradísima en aquel grandioso y alegre manicomio. Mi querido amigo, si alguna vez caigo yo también, llévenme a San Baudilio. Espero encontrar a mi vuelta pruebas de los *Linajes*. Pienso añadir seis pliegos, porque sería gran falta no publicar las razones que tengo para sostener que Mateo Díez Coronel, autor del *Métrico Encomio*, desciende por la línea materna de los Guevaras y no de los Burguillos, como ha sostenido erradamente el autor de la *Floresta amena*.

"Escribo esta carta principalmente para hacerle a Vd. una advertencia. He oído aquí a varias personas hablar de la muerte de Pepe Rey, refiriéndola tal como sucedió efectivamente. Yo revelé a Vd. este secreto cuando nos vimos en Madrid, contándole lo que supe algún tiempo después del suceso. Extraño mucho que no habiéndolo dicho yo a nadie más que a Vd., lo cuenten aquí con todos sus pelos y señales, explicando cómo entró en la huerta, cómo descargó su revólver sobre Caballuco cuando vio que este le acometía con la navaja, cómo Ramos le disparó después con tanto acierto que le dejó en el sitio... En fin, mi querido amigo, por si inadvertidamente ha hablado de esto con alguien, le recuerdo que es un secreto de familia, y con esto basta para una persona tan prudente y discreta como usted.

"Albricias, albricias. En un periodiquín he leído que Caballuco ha derrotado al brigadier Batalla".

. . . . . . . . . . . . . . . . . . . . . . . . . . . . . . . . . . . . . . . . . . . . . . . . . .

Orbajosa 12 de Diciembre.

"Perfecta me encarga muchas expresiones para usted. Se ha reído mucho con la especiota [107] de su casamiento. La verdad es que en nuestro pueblo se dice también. Ella lo niega, y ríe mucho cuando se le dice. En caso de que esto tenga visos de formalidad, yo le negaré mi aprobación, porque Jacinto tiene veintidós años menos que ella, y aunque Perfecta se conserva muy bien y ahora ha echado carnes y se ha puesto muy guapa, no creo que tal unión pueda ser provechosa. Si he de decir la verdad, no veo al chico muy entusiasmado. Su madre doña María Remedios es la que me parece que se dejaría cortar ambas orejas porque este ante–proyecto fuese siquiera proyecto.

"Una sensible noticia tengo que dar a Vd. Ya no tenemos Penitenciario, no precisamente porque haya pasado a mejor vida, sino porque el pobrecito está desde el mes de Abril tan acongojado, tan melancólico, tan taciturno que no se le conoce. Ya no hay en él ni siquiera dejos [108] de aquel humor ático [109], de aquella jovialidad correcta y clásica que le hacía tan amable. Huye de la gente, se encierra en su casa, no recibe a nadie, apenas toma alimento, y ha roto toda clase de relaciones con el mundo.Si le viera Vd. no le conocería, porque se ha quedado en los puros huesos. Lo más particular es que ha reñido con su sobrina, y vive solo, enteramente solo en una casucha del arrabal de Baidejos. Ahora dice que renuncia su silla en el coro de la catedral y se marcha a Roma. ¡Ay! Orbajosa pierde mucho, perdiendo a su gran latino. Me parece que pasarán años tras años y no tendremos otro. Nuestra gloriosa España se acaba, se aniquila, se muere".

. . . . . . . . . . . . . . . . . . . . . . . . . . . . . . . . . . . . . . . . . . . . . . . . . .

Orbajosa 23 de Diciembre.

"Mi carísimo amigo: escribo a Vd. a toda prisa para decirle que no puedo remitir hoy las pruebas. Acaba de suceder en mi casa una desgracia espantosa... Me llaman... Tengo que acudir... No sé lo que es de mí.

"Era cierto el proyecto de casamiento de Jacinto con mi cuñada. Esta ma-

107 *Especiota*: noticia falsa o exagerada.
108 *Dejos*: restos, resabios, huellas.
109 *Ático*: peneteciente a Atenas

ñana estaban todos en casa. Se había matado el cerdo para las Pascuas. Las mujeres se ocupaban en las alegres faenas de estos días, y viera Vd. allí a Perfecta con media docena de sus amigas y criadas, ocupándose en limpiar la carne para el adobo, en picarla para los chorizos, en preparar todo lo concerniente al interesante tratado de las morcillas. Entró Jacinto, acercose al grupo, resbaló en una piltrafa y cayó... ¡Horrible suceso que, por lo monstruoso, no parece verdad!... El infeliz muchacho cayó violentamente sobre su madre María Remedios, que tenía un gran cuchillo en la mano. Por un mecanismo fatal, el arma se envasó en el pecho del joven, atravesándole el corazón.

"Estoy consternado... ¡Esto es espantoso!... Mañana irán las pruebas... Añadiré otros dos pliegos, porque he descubierto un nuevo orbajosense ilustre. Bernardo Armador de Soto, que fue espolique del duque de Osuna, le sirvió durante la época del virreinato de Nápoles y aun hay indicios de que no hizo nada, absolutamente nada en el complot contra Venecia".

# – XXXII –

*Esto se acabó. Es cuanto por ahora podemos decir de las personas que parecen buenas y no lo son.*

## FIN DE LA NOVELA

Madrid.– Abril de 1876.

Thank you for acquiring

Doña Perfecta

This book is part of the
**Stockcero Spanish & Latin American Studies Library Program.**
It was brought back to print following the request of at least one hundred interested readers –many belonging to the North American teaching community– who seek a better insight on the culture roots of Hispanic America.

To complete the full circle and get a better understanding about the actual needs of our readers, we would appreciate if you could be so kind as to spare some time and register your purchase at:

http://www.stockcero.com/bookregister.php

**The Stockcero Mission:**
To enhance the understanding of Latin American issues in North America, while promoting the role of books as culture vectors

**The Stockcero Spanish & Latin American Studies Library Goal:**
To bring back into print those books that the Teaching Community considers necessary for an in depth understanding of the Latin American societies and their culture, with special emphasis on history, economy, politics and literature.

**Program mechanics:**
- Publishing priorities are assigned through a ranking system, based on the number of nominations received by each title listed in our databases
- Registered Users may nominate as many titles as they consider fit
- Reaching 5 votes the title enters a daily updated ranking list
- Upon reaching the 100 votes the title is brought back into print

You may find more information about the Stockcero Programs by visiting www.stockcero.com.